전쟁터에 온 사이비 기원

한국 개신교 극우주의에 관하여

정부를 없앤 신의 기원

한국 개신교 극우주의에 관하여

배덕만

서론	12.3 비상계엄과 한국 개신교	6
1장	극우주의의 형성 과정	15
2장	극우주의의 탄생: 제주 4.3 사건	35
3장	극우주의의 발전: 대통령 선거	83
4장	극우주의의 표현: 혐오	111
5장	극우주의의 도구: 한국기독교총연합회	131
6장	극우주의의 중심: 전광훈	147
결론	출구는 없을까?	159

차례

12.3 비상계엄과 한국 개신교

현재 한국 사회는 21세기 최대의 위기를 맞이했다. 1997년 IMF 국가부도 사태 이후 최대의 위기 상황이라고 생각한다. 비록 대통령 탄핵이 노무현, 박근혜 시절에도 발생했지만, 탄핵의 이유와 후폭풍 면에선 비교할 수 없을 정도로 2025년의 대통령 탄핵은 심각하고 부정적이다. 이런 참담한 상황과 고통스러운 시간을 통과하면서 내 안에 여러 생각과 감정이 떠나질 않는다.

무엇보다, 21세기 대한민국의 대통령이 자신의 정치적 난관을 해결하기 위한 방법으로 비상계엄을 선택했다는 사실을 믿을 수 없었다. 그리고 헌법재판소 재판 과정에서 전직 대통령이 거짓말과 궤변으로 사실을 부정하고 책임을 회피하며 국론 분열을 획책하는 모습에 그야말로 경악을 금할 수 없었다. 또한, 비상계엄을 해제하고 반란수괴 탄핵을 결의하며 권한대행들이 거부권을 행사하는 과정에서, 이후 관련 사실들에 대한 재판과 수사, 청문회 과정에서 여당과 집권 세력이 보여 준 비겁함과 무책임, 사악함과 광기에 분노와 공포를 느꼈다. 이런

서론

사람들이 지난 3년간 이 나라 권력의 정상에서 무슨 짓들을 했을지 상상조차 할 수 없기 때문이다. 뿐만 아니라, 지난 '10.27 집회'부터 '세이브 코리아 집회'까지 극우 개신교인들이 보여 준 행태에 분노, 수치, 좌절을 반복해서 경험했다. 민족과 민주, 자유와 법치를 외치면서 헌법과 질서, 민주와 정의를 온몸으로 거부하고 파괴하는 모습에 한 사람의 국민으로서 극심한 분노를 느꼈다. 근거 없는 가짜뉴스와 비논리적 궤변, 차마 입에 담을 수 없는 욕설과 저주로 도배된 집회를 바라보며, 인간으로서 수치심을 피할 수 없었다. 저들이 하나님과 십자가를 들먹이며 태극기와 성조기를 흔드는 모습에 그리스도인으로서 깊은 좌절감을 떨쳐 낼 수 없었다.

하지만 이런 비극적 위기 상황 앞에서 나의 생각과 상상을 뛰어넘는 감격과 경이로움도 경험했다. 이 역사적 사건의 배후에 하나님의 손길이 함께하셨다고 확신한다. 하나님의 개입과 주관이라고 믿을 수밖에 없다.

그리고 이 나라 국민, 특히 깨어 있는 민주 시민의 저력을 다시 한번 확인할 수 있어서 안도하며 행복했다. 대통령의 계엄 선포에 대해 국회의원들과 보좌관들이 보여 준 신속하고 담대하고 일치된 모습, 급박한 순간에 순식간에 국회의사당으로 모여 군인들과 대치하며 국회의원들을 보호하고 응원했던 시민들, 대통령과 국방부장관의 반헌법적 명령에 맹목적인 복종을 거부했던 군인들, 그리고 윤석열의 탄핵을 위해 여의도, 남태령, 용산에 모여 예측불허의 위기 상황에서도 세대를 초월하여 용감하고 흥겹게, 끝까지 투쟁한 이 나라 국민들 때문에 여러 번 눈물을 흘렸다. 다행이고 고맙고 든든했다.

12.3 비상계엄과 한국 개신교

비록 대다수의 대형교회 목사들이 침묵하거나 궤변을 늘어놓거나, 혹은 엄청난 수의 극우 기독교인들이 거리와 교회에서 광란의 굿판을 벌였지만, 결코 적지 않은 수의 개신교인들이 사태를 정확히 파악하고, 진정한 하나님 나라의 백성과 이 땅의 민주 시민으로 살기 위해 몸부림치는 모습에 안도와 위로, 용기와 희망을 가슴에 품을 수 있었다. 모두가 우상에게 무릎을 꿇은 것이 아니라는 사실을 확인했다.

왜 이렇게 되었을까?

그렇다면, 왜 한국 교회 안에 이렇게 많은 극우주의자들이 존재하며, 왜 저들은 비상식적, 비논리적, 비도덕적, 비민주적으로 행동하게 되었을까? 다음과 같이 정리할 수 있을 것이다. 먼저, 한국의 분단이 한국 교회 극우화의 근원적인 원인이라고 생각한다. 한국 교회가 반공과 자유민주주의, 친미주의에 극단적으로 경도된 일차적인 이유는 분단과 전쟁을 거치면서 월남한 교인들에 의해 남한의 교회가 재구성되었기 때문이다. 이 과정에서 고향, 재산, 가족, 교회를 상실했고, 남한에서 이주민으로서 '무에서 유를 창조'해야 했던 이들은 북한과 공산주의에 대한 근원적인 분노와 공포를 집단적 무의식이자 삶의 양식으로 내재화했다. 동시에 자신들에게 삶의 공간과 경제적 재기의 기회, 신앙의 자유를 제공한 남한 정부와 미국, 그들이 추구하는 반공과 자유민주주의는 이들의 생존과 번영을 위한 필요충분조건이 되었다. 결국, 이 모든 현실의 출발점이자 일차적 원인은 분단과 냉전이다.

둘째, 한국 교회의 정교 유착의 역사가 이런 병리 현상의 또 다른 주요 원인이 되었다. 1948년 남한과 북한에서 단독 정부가 수립되고 한국 전쟁이 발발한 이후, 남한에서 개신교는 이승만, 박정희, 전두환으로 이어진 파시즘 체제에서 독재정권과 가장 긴밀히 유착된 관계를 맺었다. '3.15 부정선거'로 몰락한 이승만 정권, '10.26 대통령 시해사건'으로 몰락한 박정희 정권, '6.10 항쟁'으로 물러난 전두환 정권 모두 한국 현대사의 수치이지만, 한국 교회는 이런 불법 정권들을 맹목적으로 지지하며 초고속 성장을 반복했다. 이제 그 시절이 종식되었지만, 파시즘 정권과의 유착 속에서 생존과 번영을 경험했던 한국 교회는 그 정권의 후예들과 운명을 함께하고 있다. 이번 사태의 원인으로 간과할 수 없는 역사적인 요소다.

셋째, 한국 교회를 지배하는 근본주의 신앙이 끼친 부정적 영향도 간과할 수 없다. 한국 교회는 초창기부터 근본주의적 신앙과 신학을 수용했으며, 일제와 한국 전쟁, 군부 독재를 통과하면서 견고하고 뿌리 깊게 내재화했다. 기본적으로, 근본주의는 성서무오설과 축자영감설, 문자적 해석, 세대주의적 전천년설, 부흥운동을 토대로, 반진화론, 반공주의, 반낙태, 반동성애 등을 성경적 진리로 규정하고, 선민의식과 분리주의, 전투적 적대감과 공포심에 근거해서 사유하고 행동했다. 이런 근본주의는 한국에서 우익 정부와 배타적 일치, 숭미와 반북, 진보적 좌파와 자유주의 세력에 대한 극단적 적대감으로 표출되었다. 이처럼, 한국 교회의 맹목적 반공주의와 극우주의, 민주화와 통일운동, 노동운동에 대한 본능적 반감 등과 연결된 근본주의 신상이 이번 사태의 또 다른 배경이 되고 있다.

넷째, 한국 교회가 처한 존재론적 위기감이 초래한 종말적 광기도 주목해야 한다. 전광훈 목사와 손현보 목사가 한국 교회의 극우화를 주도하고, 한국 교회의 대형교회들이 수동적으로 동조하거나 묵인하며, 수많은 교인이 동조, 동원되는 현상은 한국 교회가 직면한 소멸의 공포감과 깊이 연관되어 있다. 기본적으로, 한국 교회는 21세기에 진입하면서 빠르게 신자들이 이탈하고 전도의 동력이 상실되면서 교세가 급감하고 있다. 이런 교세 약화는 일차적으로 한국 사회에 세속화가 급속도로 확장되었기 때문이고, 대형교회와 그리스도인 공직자들의 비리와 스캔들로 언론이 도배되었기 때문이다. 동시에, 이에 대한 교회 안팎의 비판과 개혁의 목소리가 지속적으로 제기되기 때문이다. 하지만 이런 위기 상황에서 문제의 당사자들은 정직한 반성과 회개, 과감한 변화와 개혁을 시도하는 대신, 문제의 원인을 내부 비판자, 종북좌파, 이단, 동성애자에게 돌리면서 책임을 회피하고 개혁의 골든타임을 놓치고 있다. 대신, 위기감과 비판의 소리가 고조될수록, 배제와 혐오에 근거한 보수 교회의 궤변과 폭력, 정치적 극우화는 더욱 강화되고 심화되는 경향을 보인다. 이번 사태와 무관하지 않은 현상이다.

우리는 무엇을 어떻게 해야 할까? 현재 우리가 직면하고 있는 문제는 역사도 깊고, 관련된 사람들은 많고, 조직의 네트워크도 강력하다. 얽힌 이해관계도 복잡하고 심각하다. 따라서 한순간에 모든 문제를 근원적으로 해결할 수 없으며, 그런 신비한 만병통치약은 존재하지 않는다. 그런 일을 기대하는 것도 바람직하지 않다. 다만, 이번 사태를 통해 문제의 심각성과 중심 세력이 드러났기에, 그리고 그것들과 씨름하며 해결할 절호의 기회가 주어질 것이기에, 긴 호흡으로 우리가 해야 할 일과 할 수 있는 일들을 찾아서 시도해야 할 것이다.

먼저, 우리 곁에 있는 사람들을 지켜야 한다. 우리 밖에 있는 사람들, 대척점에 놓인 사람들, 심지어 그들 모두를 변화시키는 것은 불가능하다. 동시에, 그런 현실에 압도되어 좌절하거나 낙심해서도 안된다. 대신, 우리와 같은 꿈을 꾸는 사람들, 우리가 사랑하는 사람들, 우리가 지키고 보호해야 할 사람들이 가짜뉴스에 현혹되거나 길을 잃거나 좌절하지 않도록 최선을 다해 그들을 도와야 한다.

둘째, 이 상황을 같은 시각으로 바라보고, 한국 사회와 교회를 향해 같은 꿈을 꾸는 사람들과 조직들이 가능한 모든 방법으로 협력하고 연대해야 한다. 이렇게 엄청난 상황에서, 그리고 거대한 적대 세력 앞에서 홀로 견디며 미래를 도모하는 것은 거의 불가능하고 결코 바람직하지도 않다. 개인들끼리, 개인과 단체, 단체와 단체가 서로를 격려하고 정보를 공유하며 상황에 대처할 방법을 함께 모색해야 한다. 사안에 따라 비정기적으로 모임과 프로그램을 조직하고, 장기적으로 교육과 친교, 예배의 기회를 마련하면서, 내적 유대를 강화하고 외적 네트워크를 꾸준히 확장해야 한다. 치밀한 계획 속에서 끈질긴 인내심을 갖고 긴 호흡으로 이 사태에 대응해야 한다.

끝으로, 이 땅의 모든 그리스도인이 이 나라와 민족의 평화적, 민주적 통일을 위해 포기하지 말고 기도하고 공부하며 실천하기 위해 끝까지 최선을 다해야 한다. 이 땅의 그리스도인들은 예수의 재림과 하나님 나라의 실현을 믿고 소망한다. 동

12.3 비상계엄과 한국 개신교

시에, 각자의 자리에서 최선을 다해 영성을 훈련하고 선교에 헌신하고 있다. 같은 논리로, 우리는 이 나라 국민으로서, 동일한 믿음과 소망 속에 이 나라 이 민족의 평화적, 민주적 통일을 가슴에 품어야 한다. 평화적, 민주적 통일 없이 이 나라의 진정한 민주화는 불가능하다. 또한 현재의 국제 관계나 국내 상황을 고려할 때 통일은 좀처럼 빨리, 그리고 쉽게 도래하지 않을 것 같다. 그럼에도 우리는 통일의 꿈을 결코 포기하거나 거부하지 말아야 한다. 그래서 우리에게 믿음, 소망, 사랑이 필요하며, 무엇보다 하나님의 은혜가 절대적으로 필요하다. 우리가 통일과 민주, 번영을 위해 쉬지 않고 기도해야 할 근원적인 이유다.

이 책은 어떤 책인가?

이 책에 수록된 글들은 이미 여러 매체나 책에 수록되었던 것들을 관련 기관의 허락을 받고 수정, 편집을 거쳐 이곳에 모은 것들이다. 이 책의 탄생에 가장 직접적인 영향을 끼친 것은 단연 12.3 비상계엄이었다. 또한 이 사건에 대한 반응으로 2025년 2월 4일부터 25일까지 네 차례 진행된 <느헤미야 아카데미: 한국 개신교의 극우화 현상 이해하기>는 이 책의 탄생을 실현시킨 또 하나의 중요한 동기였다. 비상계엄에 큰 충격을 받았던 이들이 대거 등록함으로써 아카데미는 뜻밖의 성황을 이루었고, 아카데미가 종료한 뒤 이 책의 출판을 뜰힘 출판사의 최병인 대표가 제안했다.

서론

이 책은 총 여섯 장으로 구성되었고, 서문과 결론이 앞뒤에 실렸다. 먼저, 서론은 기독교윤리실천운동이 주최한 <모두를 위한 정치운동: 한국청년과 12.3 계엄 집담회, '두 광장에 선 한국 교회 청년'>(2025년 3월 7일)에서 "12.3 계엄과 한국 교회"라는 제목으로 발표했던 글을 수정한 것이다. 제1장 "극우주의의 형성 과정"은 『태극기를 흔드는 그리스도인』(IVP, 2021)에 "신학적 근본주의에서 정치적 극단주의로"라는 제목으로 수록되었던 것이며, 제2장 "극우주의의 탄생: 제주 4.3 사건"은 <제4회 청목토론회: 제주 4.3과 기독교를 바라보는 두 개의 시선>에서 "제주 4.3 사건과 개신교"(2023년 3월 20일)라는 제목으로 발표했던 글이다. 제3장 "극우주의의 발전: 대통령 선거"는 기독교윤리실천운동과 크리스챤아카데미가 공동 주최한 <대화모임: 대선 정국, 한국기독교>(2021년 11월 16일)에서 "대통령 선거와 한국 개신교: 그 역사와 성찰"이라는 제목으로 발표했던 것이며, 제4장 "극우주의의 표현: 혐오"는 『혐오와 한국 교회』(삼인, 2020)에 "혐오와 한국 교회, 그리고 근본주의"라는 제목으로 수록된 글이다. 제5장 "극우주의의 도구: 한국기독교총연합회"의 경우, "한기총의 어제와 오늘, 그리고 내일"이라는 제목으로 「기독교사상」(2019년 8월호)에 게재했던 글이며, 제6장 "극우주의의 중심: 전광훈"은 「공동선」(2020년 5, 6월)에 "전광훈, 이단의 궤도에 진입하다"라는 제목으로 기고했던 것이다.

이 자리를 빌어, 이 책을 위해 옛 글들을 다시 사용할 수 있도록 허락해 준 관련 기관 및 관계자들에게 깊이 감사드린다. 무엇보다 이 책의 출판을 적극 제안하고 격려해 준 최병인 대표가 없었다면, 이 책은 가장 적절할 시기에 세상에 나올 수 없었을 것이다. 그의 선택과 결단, 그리고 수고에 어떻게 감사를 표해야 할지 모르겠다.

이 책이 세상에 출판될 즈음에는 이미 새로운 대통령이 국민의 선택에 의해 결정되었을 것이다. 비상계엄이라는 시대착오적 충격을 용감하고 슬기롭게 극복한 국민들의 지혜와 이 나라를 향한 하나님의 다함 없는 은혜로 이 나라가 다시 한번 위기를 극복하고 새로운 도약과 비상의 날개를 활짝 펼칠 수 있기를 간절히 소망한다. 부디, 이 책에 수록된 소박한 글들이 위기에 처한 한국 사회에서 이 시대 그리스도인들이 우리의 역사와 현실을 보다 정직하게 인식, 성찰, 반성하고, 하나님과 역사 앞에서 조금 더 책임 있는 시민과 신자로 살아가는 데 작은 도움이라도 될 수 있기를 감히 소망해 본다. 한국 개신교회가 퇴행적 극우 세력으로 지목되는 참담한 상황이 하루속히 종식되고, 흑암과 혼돈에 휩싸인 한국 사회에서 진정한 빛과 소금으로 존재할 수 있기를 온 마음 다해 기도한다.

2025년 7월
배덕만

서론

1장

극우주의의 형성 과정

2019년 6월부터 한국기독교총연합회(한기총)는 회장 전광훈 목사의 주도하에 '문재인 대통령 하야 운동'을 시작했다. 그를 지지하는 극우 개신교인들은 광화문 광장에 집결하여 막말과 욕설이 난무하는 반정부 집회를 이어 갔다. 전광훈의 한기총, 청와대 광야교회, 사랑제일교회뿐 아니라, 광화문에서 열린 반정부 집회에 참석한 수만 명을 통해 한국 교회의 상당수가 어느새 심각한 수준의 정치적 극우주의자로 변모했음이 공개적으로 드러났다.

종교사회학자 이원규는 말한다. "전체적으로 보면 한국 교회는 근본주의 성향이 매우 강하다고 할 수 있다. 소위 자유주의나 중도주의로 분류되는 교파 사람들 가운데도 근본주의 신앙을 가진 교인들이나 성직자도 적지 않은 것으로 보인다."[1] 이런 설명은 전광훈과 광야교회로 상징되는 한국의 극우적 개신교인들의 신학적, 신앙적 특성을 이해하는 데 도움을 준다. 그렇다면, 왜 한국에서 신학적 근본주의가 정치적 극우주의로 빠르게 변모했을까? 과연 무엇이 한국에서 신학적 근본주의와 정치적 극우주의가 견고하게 융합되도록 만들었을까? 그런 융합과 변모의 역사적 과정을 함께 추적해 보자.

---

1 이원규, "종교사회학적 관점에서 본 한국 교회와 근본주의", 종교연구 제28집, 52.

배경: 미국의 근본주의

남북전쟁(1861-1865)에서 북부가 승리한 후, 미국은 산업화, 도시화 시대에 진입했다. 미국 도시들은 산업자본주의 초기를 통과하며 다양한 사회 문제에 직면했고, 미국 교회도 복잡하고 난해한 도전에 대응해야 했다. 곧, 목회적 차원에서 빈곤과 범죄 같은 사회 문제에 대처해야 했으며, 신학적 차원에선 성서비평학과 생물학적 진화론의 도전에 응전해야 했다. 이런 상황에서 벤자민 워필드Benjamin B. Warfield로 대표되는 프린스턴 신학자들이 성서무오설을, 그리고 플리머스형제단의 존 달비John N. Darby가 세대주의적 전천년설을 신학적 해법으로 제시했다. 이런 해법은 당대에 막강한 영향력을 행사하던 무디Dwight L. Moody와 그의 동료들, 그리고 성서예언대회(1875-1897), 성서학원들, 학생자원운동(1886-1930년대), 잡지 「근본적인 것들Fundamentals」 등을 통해 미국 전역으로 빠르게 확산되었다. 특히, 미국 북장로교회가 1910년 총회에서 "성경의 영감과 무오성, 그리스도의 동정녀 탄생, 그리스도의 대속적 죽음과 육체적 부활, 기적"으로 요약되는 '5개조 교리'를 발표함으로써 장차 '근본주의fundamentalism'로 명명되는 새로운 현상이 이미 미국 교회 내에 널리 확산되었음을 보여 주었다.

근본주의 역사에서 1920년대는 매우 중요하다. 먼저, 1920년 미국침례교 기관지 「와치맨-이그제미너the Watchman-Examiner」의 편집자 커티스 리 로우스Curtis Lee Lawes가 '근본적인 것들'을 위해 투쟁하는 이들을 '근본주의자fundamentalist'라고 명명하여, '근본주의'라는 용어가 마

극우주의의 형성 과정

침내 역사 속에 등장했다. 이어서 저명한 설교자 해리 포스딕 Harry E. Fosdick이 1922년에 행한 "근본주의자들이 승리할까?Shall the Fundamentalists Win?"라는 제목의 설교를 통해 소위 '근본주의 논쟁'이 본격화되었다. 또한 1923년 총회 직후, 북장로교회 내부의 진보적 그룹이 기존의 5개조에 반대하는 '어번 선언the Auburn Affirmation'에 서명하여 논쟁이 격화되었고, 1925년에는 진화론과 창조론이 충돌하여 근본주의 진영에 치명상을 입힌 소위 '스코프스 재판'(혹은 원숭이 재판)이 세상의 이목을 집중시켰다. 이후, 미국의 장로교회와 침례교회를 중심으로 근본주의자와 진보주의자 간의 갈등이 폭발했고, 마침내 교단 분열이 도미노 게임처럼 연쇄적으로 발생했다. 정통장로교회, 침례교성서연합, 근본주의침례교단 등이 그런 분열의 결과로 탄생했다.

'원숭이 재판' 이후 한동안 자취를 감추었던 근본주의자들이 1950년대부터 다시 모습을 드러내기 시작했다. 한국 전쟁과 함께 미국 사회를 집어삼킨 '매카시 광풍' 속에서, 일부 근본주의자들이 반공주의의 우산 아래 대중적 관심을 끌었다. 이후, 흑인 민권 운동, 히피 문화와 성 혁명, 베트남 전쟁, 낙태 허용 등으로 1970년대까지 미국 사회가 급진적인 변화를 겪고 있을 때, 그동안 성속 이원론과 비관적 역사관에 사로잡혀 사회와 일정한 거리를 유지해 온 근본주의자들이 '기독교 미국Christian America'을 수호한다는 명분하에 현실 정치에 뛰어들기 시작했다. 그들은 당대의 변화를 치명적인 위협으로 간주하면서, 그 원인을 '세속적 인본주의secular humanism'에서 찾았다. 그들이 비판하는 세속적 인본주의의 특징은 다음과 같다.

그것은 하나님의 신성, 성경의 영감, 그리고 그리스도의 신성을 부인하고, 영혼, 내세, 구원과 천국, 정죄와 지옥을 부인하며, 창조에 대한 성경적 가르침을 부인한다. 대신, 도덕적 가치는 스스로 결정되고 상황적이므로 절대적인 옳고 그름은 존재하지 않는다고 믿는다. 또한 남성과 여성의 독특한 역할의 제거를 믿으며, 나이와 상관없이 동의하는 개인들 간의 성적 자유(혼전 성관계, 동성애, 레즈비언주의, 근친상관 포함)를 믿으며, 낙태, 안락사, 자살의 권리를 믿고, 빈곤을 줄이고 평등을 이루기 위해 미국의 부에 대한 평등한 분배를 믿으며, 환경에 대한 통제, 에너지에 대한 통제, 그리고 그것의 한계를 믿는다. 미국의 애국주의와 자유기업체제의 제거, 군비축소, 그리고 단일한 세계사회주의정부의 건설을 믿는다.**2**

근본주의 내의 이런 움직임은 1970년대에 '기독교 우파 Christian Right'의 탄생으로 이어졌다. 근본주의 설교자 제리 폴웰Jerry Falwell은 1979년 '도덕적 다수Moral Majority'를 조직하여 공화당 대선 후보 로널드 레이건Ronald Reagan을 지지했고, 1972년부터 본격적으로 시작된 '남녀평등 헌법 수정안 Equal Rights Amendment' 비준 운동을 저지하는 일에 적극적으로 참여했다. 이 운동에는 개신교 근본주의자들과 함께 보수

---

2 Karen Armstrong, *The Battle for God: History of Fundamentalism* (New York: Ballantine Books, 2001), 271.

극우주의의 형성 과정

적인 가톨릭 신자들과 유대인들도 상당수 참여했다.

    1980년대 후반, 유명한 오순절파 TV 설교자들인 짐 베이커Jim Bakker와 지미 스와가르트Jimmy Swarggart의 섹스 스캔들이 연속으로 터지면서 근본주의 진영이 치명상을 입었다. 하지만 근본주의 목사이자 방송인인 팻 로버트슨Pat Robertson이 1986년 대선에 출마하고 '기독교 연합Christian Coalition'을 조직하면서, 근본주의자들이 기력을 회복하기 시작했다. 이들은 가족의 가치pro-family를 중심으로 동성애와 낙태, 포르노에 강력히 반대했으며, 학교와 공공장소에서 기독교 신앙의 실천을 보장받기 위해서 분투했다. 또한 그들은 아들 부시George W. Bush의 대통령 당선을 위해 헌신했으며, 그가 당선된 후에는 네오콘Neo Conservatives과 함께 부시 정권의 막강한 지지 세력으로 기능했다. 비록 오바마 정부의 탄생과 함께 위세가 한풀 꺾였지만, 여전히 근본주의는 미국 기독교의 중요한 부분으로 살아 있다.

역사: 한국 교회의 근본주의화 과정과 특징

19세기 후반 이후 꾸준히 입국한 미국의 보수적인 장로교 선교사들을 통해 한국에도 근본주의적 성경론과 종말론이 일찍부터 유행하게 되었다. 성경무오설과 축자영감설, 문자적 성서 해석으로 상징되는 근본주의적 성경론, 그리고 이런 성경론과 비관적 역사관에 근거해서 그리스도의 전천년설적 재림과 성도의 휴거를 주장하는 세대주의적 종말론이 교파를 초월하여 한국 교회 전체로 꾸준히 확산된 것이다. 기본적으로 이런 신학적 근본주의는 평양장로회신학교와 경성성서학원 등을 통해 목회자들에게, 그리고 사경회와 부흥회, 주일 예배 등을 통해서는 일반 성도들에게 전달되고 내재화되었다.

특별히 1930년대에 캐나다 장로교 선교사들과 미국 감리교 선교사들, 그리고 일본과 미국에서 유학한 신학자들의 영향으로 한국에 진보적인 성경 해석이 도입되기 시작했으나, 이미 장로교회 내에서 주도권을 잡은 보수적 선교사, 목사, 신학자의 영향 아래 그런 진보적 흐름이 철저하게 차단되고 말았다. 곧, 장로교 총회가 미국 감리교 출판사인 아빙돈Abingdon Press의 성경 주석 한국어 번역을 방해하고, 모세오경의 모세 저작설이나 바울서신의 여성차별적 구절의 문자적 해석을 거부했던 김영주, 김춘배 목사를 징계함으로써, 근본주의가 한국 교회의 지배적인 신학으로 뿌리를 내리게 되었다. 동시에 다수를 차지한 장로교회뿐 아니라, 성결교회, 침례교회, 오순절교회, 심지어 진보적인 감리교회와 기독교장로회 내에서도 다수의 목회자와 교인들이 근본주의적 신앙을 따르게 되었다. 한국 교회와 근본주의의 상관관계는 '한국 교회의 근본주의화'에 결정적인 역할을 한 장로교 신학자 박형룡이 1960년 「신학지남」에 발표한 글에서 확인할 수 있다.

> 근본주의는 별다른 것이 아니라 정통주의요, 정통파 기독교다. 한걸음 더 나아가 근본주의는 기독교의 역사적, 정통적 신앙을 그대로 믿고 지키는 것, 즉 정통신앙과 동일한 것이니만큼, 이것은 곧 기독교 자체라고 단언하는 것이 정

극우주의의 형성 과정

당한 정의일 것이다. 근본주의는 기독교 자체다.[3]

이런 신학적 근본주의는 한국 근대사의 격랑을 통과하며 특정한 정치적, 경제적 이념과 결합되어 자신의 범주와 특성을 지속적으로 확장했다. 이 과정에서 가장 결정적인 것은 근본주의자들과 공산주의의 부정적 만남이다. 비록 조봉암, 허정숙, 여운형처럼, 기독교인들 중에서 다수의 공산주의자와 사회주의자가 배출되었지만, 대다수의 기독교인들은 민족주의 진영을 대표하며 공산주의자들과 갈등 관계를 형성했다. 그런 갈등은 해방 후 군정, 분단, 한국 전쟁을 거치면서 극단적으로 악화되었다. 특히, 해방 전 한국 교회의 70% 이상이 거주했던 평안도, 황해도, 북간도의 교인들이 공산주의자들과의 갈등 후 대거 월남함으로써, 남한의 개신교인들은 철저한 반공주의자들이 되었다. 공산주의자들의 억압과 박해를 피해 고향, 재산, 교회를 포기해야 했던 이들은 남한에서 한편으론 개인적 원한과 상처 때문에, 다른 면에선 북한 출신으로 남한에서 생존하기 위해, 남들보다 더 강하게 반공을 외쳐야만 했다. 그들은 제주 4.3 사건과 여순 사건을 겪었고, 한국 전쟁과 베트남 전쟁을 적극적으로 지지하고 참여했으며, 반공을 국시로 내건 우익 정권을 끝까지 지지했다. 이런 과정을 통해 남한의 개신교인들은 가장 전투적인 반공주의자들로 성장했으며, 반공주의는 근본주의 신학과 함께 한국 교회의 핵심적 도그마로 뿌리내렸다.

---

3 박형룡, "근본주의", 신학지남 25권 1호, 16.

또한, 분단과 냉전을 통과하면서 반공의 선봉에 선 한국 교회는 자연스럽게 남한의 대표적인 친미 세력으로 부상했다. 어떤 의미에서 한국 교회와 미국의 관계는 운명적이다. 일차적으로 한국의 개신교회는 미국 선교사들의 절대적인 영향하에 형성되었다. 새문안교회와 정동교회뿐 아니라, 배재학당와 이화학당 같은 근대학교, 세브란스병원와 대구동산병원 같은 근대 병원이 모두 미국 선교사들과 미국 교회의 후원으로 설립되었기 때문이다. 태평양 전쟁으로 잠시 관계가 단절되기도 했지만, 해방 이후 돌아온 선교사들이 군정 치하에서 교회, 학교, 병원, 심지어 정부를 재건하는 일에 깊이 관여했다. 이후 한국 전쟁, 베트남 전쟁, 경제 원조와 개발 시대를 통과하면서, 한국 교회는 한국과 미국을 연결하는 역할을 탁월하게 수행했다. 뿐만 아니라, 1970년대부터 시작된 한국 교회의 폭발적 성장 과정에서, 미국 교회는 빌리 그레이엄Billy Graham과 빌 브라이트William R. "Bill" Bright 같은 복음 전도자, CCC와 네비게이토 같은 학생 선교 단체, 웨스트민스터와 드류 같은 신학교, 남침례교회와 하나님의 성회 같은 교단들을 통해 지속적이고 결정적인 영향을 끼쳤다. 그 결과, 한국 교회는 미국과 미국 교회를 거의 맹목적으로 지지하게 되었다.

끝으로, 북한에서 이주한 후, 신학적 근본주의 위에 반공주의와 친미주의라는 두 기둥을 건축한 한국 교회는 남한에서 준국교적 지위와 특권을 향유했다. 한국 교회와 남한 정부 간의 밀월 관계는 미군정의 출범과 더불어 시작되었다. 선교사들의 추천으로 다수의 기독교인들이 군정의 고위직에 발탁되었고, 제헌의회와 제1공화국 정부에 참여했다. 성탄절의 공휴일 제정1949, 군종 제도와 경목 제도 도입1954, 1951 등의 배타적 특혜를 누린 대가로, 한국 교회는 1952년 제2대 대통령 선거, 1954년 민의원 선거, 1960년 정·부통령 선거에서 친정부적 선거 운동을 노골적으로 전개했다. 이런 밀월 관계는 제3공화국에서도 지속되었다. 한국 교회의 보수적 목회자들이 박정희 대통령의 3선 개헌1969을 공개적으로 지지했고, 유신 체제하에서 각종 조찬 기도회를 개최하여 군사 정권을 적극적으로 응원했다. 동시에, 국가의 적극적 후원 속에 진행된 엑스플로 74, 77복음화성회, 전군신자화운동, 전국교도소신자화운동 등을 통해 한국 교회는 전대미문의 급성장을 이루었다. 이처럼, 한국 교회는 해방 이후 한국 사회에서 우파 정부와 긴밀한 관계를 유지하며, 다른 종교들과는 비교할 수 없는 특혜와 특권을 향유했다. 그 덕택에 한국 교회의 교세는 급증했고, 정치적, 경제적, 문화적 측면에서 한국 사회의 중심부와 상층부로 빠르게 진입했다. 곧 한국 교회의 다수가 신학적 근본주의를 견지하면서, 정치적으로 자유민주주의를, 경제적으로 신자유주의적 자본주의를 지지하는 우익 세력의 핵심적 구성원으로 입지를 확고히 한 것이다.

현실과 원인: 신학적 근본주의에서 정치적 극단주의로

21세기와 함께 한국 교회 안에서 근본주의에 대한 관심이 급증했고, 최근에는 전광훈 현상으로 근본주의자들의 정치적 우경화에 대한 우려의 목소리가 고조되고 있다. 왜 신학적, 신앙적

보수주의자들이 정치적으로 극우적, 수구적 세력을 대표하게 되었을까? 왜 한국의 근본주의자들은 정치적으로 비상식적이고 극단적인 태도를 거리낌 없이 표출하게 되었을까? 그 원인을 몇 가지로 정리할 수 있다.

불안과 공포

근본주의의 출현에 대한 대표적 설명은 근본주의가 근대주의의 위협에 대한 신학적 반작용이라는 것이다. 이런 설명은 단지 미국 개신교 내의 현상을 넘어서, 이슬람, 유대교, 힌두교, 불교 등 다른 종교의 근본주의에도 공통적으로 적용할 수 있다. 예를 들어 무슬림의 경우, 19세기부터 오스만투르크가 쇠락하면서 서유럽의 정치적, 경제적, 문화적 영향력이 급증하자, 보수적 이맘들과 신학자들을 중심으로 민족주의에 근거한 이슬람 근본주의가 이집트, 이란, 튀르키예에서 출현했다. 당시에 이들의 사고와 행동을 지배했던 정서는 '두려움'이었다. 군대와 자본으로 상징되는 서구 문명의 침략으로 이슬람의 전통적 신앙과 문화가 치명적으로 훼손될 것이라고 확신했기 때문이다. 그리고 미국의 경우, 성서비평학과 생물학적 진화론의 출현으로 전통적인 성경관, 곧 성경은 일점일획도 오류가 없고, 종교를 포함한 인간의 삶 전체에 시대와 지역을 초월하여 완전하고 절대적인 권위를 지닌다는 전통적 신앙이 흔들릴 수 있으며, 그것은 성경에 근거하여 형성된 기독교 신앙 전체, 그리고 그것과 운명적 관계를 맺고 있는 서구 문명 자체가 붕괴될 수 있다고 믿는 신자들이 적지 않았다.

유사한 고민과 정서가 현재 한국의 근본주의자들 안에도

팽배하다. 한국 교회는 1990년대부터 다양한 이유로 교세가 급감하기 시작했고, 교회를 향한 혹독한 비판과 공격에 직면했다. 게다가 진보 정권이 등장하면서 햇볕정책과 사학법 개정을 추진했다. 그 결과, 남북 관계는 개선되었지만 정부와 교회 간의 관계가 악화되어 한국 교회의 존재론적 위기감이 한층 고조되었다. 북한 출신일수록 그 농도가 더 짙었다. 최근에는 보수적 기독교인들이 열광적으로 지지하고 추종했던 이명박, 박근혜 시대가 촛불 혁명으로 붕괴되고, 두 전직 대통령이 구속되는 초유의 사태가 발생했다. 사랑의교회, 명성교회, 삼일교회 등에서 발생한 다양한 스캔들로 교회에 대한 사회적 평판이 극단적으로 악화되었다. 신천지 같은 이단의 발흥과 가나안성도로 대표되는 탈교회 현상이 심화되면서 한국 교회의 미래는 매우 불투명해졌다. 결국, 이런 현실적인 위기에서 발생한 불안과 공포 때문에, 다수 교회들, 특히 근본주의자들의 선택과 반응이 점점 더 빈번하게 극단적인 형태를 취하게 되었다.

기형적 신학

근본주의자들의 지배적 정서는 앞에서 언급했듯이 불안과 공포다. 이런 정서는 세상을 선과 악, 흑과 백, 아군과 적군으로 양분하고, 양자에 대해 극단적으로 상반된 반응과 대응을 하도록 유도한다. 특히 이런 이원론적 사고방식은 근본주의의 비관적 인간론과 묵시적 종말론으로 한층 심화하고 강화했다. 기본적으로, 근본주의자들은 원죄의 영향으로 인간 본성이 철저히 부패했기 때문에, 타락한 죄인들이 만들어 가는 역사는 어떠한 낙관적 전망도 존재할 수 없다고 믿는다. 동시에, 선과 악의 대결에서 악의 영향력은 지속적으로 고조될 것이며, 이런 비극적 상황은 오직 그리스도의 재림과 성도의 휴거, 천년왕국의 도래로만 해결될 수 있다고 주장한다. 따라서 그리스도의 재림이 임박했다고 믿는 종말론의 틀 안에서 근본주의자들은 일체의 신학적, 사회적 쟁점에 대해 극단적이고 전투적인 태도를 견지하는 경향이 강하다. 곧, 이러한 신학적 전제와 확신 속에서, 성, 흡연, 음주, 복장 같은 문제에 대해 극단적으로 보수적인 태도를 견지했고, 성서무오설과 창조과학 같은 신학적 주제에 대한 다양한 진보적 해석을 자유주의로 규정하고 맹렬히 비난해 왔다. 뿐만 아니라, 동성애와 낙태, 그리고 기독교 신앙의 다양한 공적 표현 같은 정치적 쟁점들에 대해서도 극단적 혐오와 배제의 언어로, 심지어 물리적 시위와 폭력까지 마다하지 않으며 자신들의 입장을 관철하려 한다.

근본주의의 특징은 한국 교회에서도 동일한 방식으로 재현되어 왔다. 초기부터 한국 교회를 지배했던 장로교회의 영향하에 대다수의 한국 교회는 원죄 교리와 묵시적 종말론을 기독교 신앙의 기본 틀로 수용했다. 이에 대한 일체의 반대나 새로운 해석을 제안하는 이는 펠라기우스주의자나 자유주의자란 비난을 피할 수 없었다. 이러한 지배적 흐름 속에서, 진보적 신학이나 새로운 신학적 경향은 한국 교회와 신학계에서 설 자리가 없었다. 사실 이 흐름은 선교 초기부터 한국 교회가 직면한 극단적 상황 때문에 지속적으로 강화될 수밖에 없었다. 일제 시대에 한국 교회는 신앙과 생존, 친일과 항일의 극단적 대립 속에서 정해진 선택을 강요받았다. 제3의 선택은 불가능했다. 해방 이후 냉전 시대와 군부 독재를 통과하면서, 한국 교회는 북한과 남한, 공산주의와 자본주의, 독재와 민주, 자본과 노동, 주한미군과 "양키 고 홈!" 사이에서 선택을 강요당했다. 그리고 그 선택을 성경과 신학으로 정당화해야 했다. 군부의 강철 군화 아래서 생존하기 위해 자신의 신학마저 상황에 따라 재구성하기도 했다. 결국, 불안에 휩싸인 정서적 불안과 극단적 환경에서 근본주의자들의 신학은 극단적 이원론에 근거한 기형적 형태로 퇴화했고, 그것은 다시 근본주의자들이 적대적 세상과 대상에 대해 극단적, 폭력적 태도를 견지하도록 부추겼다. 현재, 광화문에 모인 전광훈과 태극기부대는 이런 기형적 신학과 긴밀한 관계가 있다.

지성의 상실

기독교는 18세기부터 본격화된 계몽주의, 과학 혁명, 산업 혁명이라는 거대하고 강력한 도전에 직면하여, 근본적인 자기 변화를 경험해 왔다. 이신론, 광교회주의, 자유주의, 성서비평학 등은 이런 변화에 적극적으로 대응했던 교회와 신학의 역사적 산물이다. 반면, 근본주의는 동일한 도전과 동료 그리스도인들의 개방적, 진보적 대응을 모두 반기독적 혹은 비성경적인 것으로 정죄하고 거부했다. 물론, 근본주의도 결코 이성과 과학, 경험의 가치와 중요성을 무조건 부정하지 않는다. 하지만 자신의 관점에서, 어떤 것도 계시와 믿음, 성경의 권위를 대치할 수 없었다. 동시에, 과학과 이성의 영향력이 사회의 전 영역으로, 그리고 전 세계로 빠르게 확장되면서, 기독교를 포함한 종교 일반의 영향력이 쇠퇴하자, 성경의 권위와 전통적 교리를 방어하고 기독교와 교회의 지위를 수호하려는 반작용도 한층 강화되었다. 이런 반작용을 주도한 것이 미국의 근본주의다.

특히, 성경의 권위를 수호하려는 노력과 임박한 종말에 대한 절박한 신앙에서 시작된 근본주의는 생물학적 진화론과 오랜 싸움을 시작했으며, 통신 및 운송 수단의 발전을 종말의 징조로 규정하며 혹독히 비난했다. 천문학과 생물학, 의학 영역의 새로운 발견, 공학 분야의 지속적인 혁신과 발명에 대해서도 불안감을 감추지 못했다. 뿐만 아니라, 19세기 이후 빠르게 유행한 현대철학, 사회학, 심리학 등이 치밀한 논리와 경험적 연구를 토대로 기독교의 전통적 교리들을 공격하자, 근본주의자들은 성경과 교리에 대한 전통적 해석에 근거해서 마녀사냥적 종교 재판을 고집했다. 그 결과, 근본주의와 현대의 학문 영역 사이에서 진지한 대화는 단절되고, 양자 사이의 간격도 꾸준히 벌어졌다.

한국 교회의 상황도 다르지 않다. 물론, 선교 초기에는 교회가 한반도에서 가장 근대적인 기관이었다. 선교사들은 한국인들에게 근대 학문을 전수했다. 그들은 학교와 병원, 신문과 출판사를 통해 이 나라의 근대화를 견인했다. 하지만 신학적 보수주의자들이 교권을 장악하고, 사회와 교회가 반복적으로 극단적 상황에 처하면서, 그리고 교회의 기득권이 사방에서 위협을 받으면서, 근본주의자들은 본능적으로 지적, 학문적 분리주의, 혹은 배타주의를 고수, 강화하는 경향을 보였다. 신학 분야에서, 성서무오설을 고수하고 정통 칼뱅주의를 수호하는 것을 지상 과제로 설정하여, 일체의 새로운 신학적 경향과 성경 해석을 거부했다. 이런 상황에서, 자연 과학과 인문 사회 과학의 발전에 적절히 반응하는 것은 불가능했다. 특히, 20세기는 과학 기술 분야에서 전대미문의 발전을 이루었으며, 정치와 경제, 신학과 철학 분야에서도 괄목할 만한 성취가 있었다. 하지만 이런 발전과 변화를 근본주의자들이 진지하게 연구하고 이를 두고 대화한 경우는 거의 없다. 그들에게 이런 것들은 위험하고 불온한 경계의 대상일 뿐이며, 속히 제거하거나 극복해야 할 말세의 적이었다.

그 결과, 교회 밖에서 과학적 사유가 시대정신이 되고, 민주주의가 삶의 양식으로 뿌리내리며, 이념에 근거한 냉전적 사고가 빠르게 약화된 시대에, 근본주의에 물든 다수의 신자들은 여전히 반지성주의적 태도를 고수하며 전근대적 세계에 머물러 있다. 그래서 더 이상 교회는 세상과 지적인 대화가 불가능하고, 신학자들이 자신의 궤도 밖 학문 세계에 정당한 회원으로 초대받지 못하며, 공적 영역에서도 주목할 만한 영향을 끼칠 수 없게 되고 말았다. 결국, 대다수의 교회가 세상을 향해 발언하는 방식은 일방적인 독백이나, 맹목적인 독설, 혹은 시대착오적 동어 반복이다. 그리고 이런 언어와 발언이 세상에서 더 이상 기대한 반응을 초래하지 않거나, 예상 밖의 비난과 반격을 야기할 때마다 독백, 독설, 동어 반복의 농도와 빈도는 지속적으로 악화될 수밖에 없다. 교회의 비지성주의가 초래한 비극이다.

한국 사회와 한국 교회의 근본주의

한국 교회에 광범위하고 깊게 뿌리내린 근본주의는 단지 성경

극우주의의 형성 과정

에 대한 보수적 입장을 형성했을 뿐만 아니라, 한국 사회의 격랑을 통과하면서 일관되게 반공주의, 자유민주주의, 친미주의, 자본주의를 지지하며 자신의 본질을 재구성하고 관심의 영역도 확장했다. 무엇보다, 해방 이후 한국 교회의 주류를 형성하고 군사 정권과 밀월 관계를 유지하면서 한국 사회에서 무시할 수 없는 지위와 영향력을 확보했다. 하지만 20세기가 저물고 21세기가 시작되면서, 한국 사회와 한국 교회의 상황이 극적으로 변하기 시작했다. 소련을 포함한 동구 공산국가들이 붕괴되면서 냉전이 종식되었고, 한국에선 김대중-노무현 정권이 등장했다. 남북 관계는 호전되었지만, 한미동맹에 대한 우려의 목소리는 커졌다. 정부가 사학법 개정을 추진하면서 교회와 정부의 관계도 악화되었다. 그리고 교회 세습으로 대표되는 내적 부패와 모순이 세상에 폭로되면서, 한국 교회는 교세가 급감하고 내외적 저항과 비난에 시달리게 되었다.

바로 이 지점에서 한국 교회가 우파 정권과의 정치적, 정서적 일치감을 공개적으로 표출하며 교인들을 동원하여 광장에 집결하기 시작했다. 그 연장선상에서 이명박-박근혜 정부의 탄생에 기여했고, 이후 수구 정권의 극적이고 굴곡진 역사와 운명을 함께했다. 특히, 세월호 참사와 최순실 국정농단으로 촛불 혁명이 폭발하고 박근혜 정부가 몰락하자, 이들을 옹호했던 극우 세력 일반과 한기총을 중심으로 한 보수적 기독교인들이 함께 백척간두의 위기에 처했다. 결국, 자신의 정치적 동맹 세력인 수구 정권이 몰락하고, 교회 내부에서 신자들의 비판과 이탈이 급증하면서, 근본주의 신학에 근거하여 정치적, 경제적 보수주의로 진화하던 한국 교회의 보수 세력은 전광훈 현상으로 대표되는 광적, 폭력적 정치 세력으로 빠르게 돌변했다. 이 것은 한국 교회 내부에 오랫동안 광범위하게 존재했던 근본주의의 수명이 다해 가고 있다는 일종의 '말기적 증상'으로 보인다. 한국 사회뿐만 아니라, 한국 교회 내에서도 근본주의는 이제 시효를 다했다. 더 이상 시대적 적합성이나 존재 이유를 입증하기 어렵게 된 것이다.

따라서 한국 교회는 근본주의라는 시대착오적 유물과 단호히 결별해야 한다. 물론, 근본주의와의 결별이 보수주의의 종식을 의미하진 않는다. 보수와 진보는 사회와 역사를 견인하는 마차의 두 바퀴이기 때문이다. 사회와 교회를 바라보는 관점은 자신이 서 있는 사회적 지위와 자신이 지지하는 이념에 따라 진보와 보수로 구분될 수밖에 없다. 시간과 상황의 변화 속에 구성원은 계속 교체되겠지만, 이 구조 자체는 변하지 않을 것이다. 그럼에도 한국 사회의 변화와 발전, 그리고 그 안에서 변화된 교회의 사회적 지위와 내부 구성원들의 지적 수준을 고려할 때, 근본주의는 더 이상 한국 교회가 고려할 선택 사항이 아니며, 한국 사회를 위해서도 폐기해야 할 '유효 기간이 지난 상품'에 불과하다.

더 이상, 한국 교회는 '기독교=근본주의'라는 기만적 선전에 속지 말고, 근본주의자들의 시대착오적 선동에도 흔들리지 말아야 한다. 대신, 진정한 기독교, 온전한 교회로 성장, 성숙하기 위해 끝까지 최선을 다해야 한다. 비본질적인 도그마와 현실적 욕망의 족쇄를 과감히 떨쳐 내고, 예수의 정신과 삶으로 돌아가야 한다. 그것을 우리 안에서 창조적으로 재현하기 위해, 최선을 다해 성경을 연구하고 시대의 변화와 발전에 능

극우주의의 형성 과정

동적으로 반응하며 겸손한 섬김과 진실한 나눔을 실천해야 한다. 아직 우리에게 반전의 기회는 남아 있다. 더 이상 지체하거나 주저하지 말고, 변화된 환경에서 순결하고 지혜롭게 본질을 회복해야 한다. "원천으로 돌아가라Ad fontes"는 구호는 시대를 초월한 불변의 진리다.

2장

극우주의의 탄생: 제주 4.3 사건

"미군정기에 제주도에서 발생한 제주 4.3 사건은 한국현대사에서 한국 전쟁 다음으로 인명 피해가 극심했던 비극적인 사건이었다."[1] 제주 4.3 사건 진상 규명 및 희생자 명예회복 위원회가 내린 4.3에 대한 역사적 평가다. 그럼에도 한국 전쟁에 비해 제주 4.3 사건에 대한 대중의 인식은 아직도 매우 미흡하다. '제주 4.3 사건'이 무엇인지, 언제 발생한 일인지, 그 내용과 의미는 무엇인지, 과연 얼마나 많은 사람이 희생되었는지 등에 대해 분명하게 대답할 수 있는 사람들은 많지 않다. 특히, 한국 교회 안에서 이 사건에 대한 무지와 오해는 심각한 수준이다. 이런 무지와 오해는 아직도 한반도에서 냉전이 지속되고 있으며, 우리가 이 역사적 비극에서 벗어나지 못하고 있다는 단적인 증거다.

이 사건에 대한 정의와 평가가 다양함에도 불구하고, 또한 이 사건을 둘러싼 논쟁과 갈등이 여전히 존재함에도 불구하고, 제주 4.3 사건이 한국 개신교의 극우화에 결정적 동기와 동력이 되었음은 이론의 여지가 없다. 그렇다면 1948년 4월 3일 제주도에서 공권력의 폭력에 대한 남로당의 무장봉기에서 시작된 것으로 알려진 제주 4.3 사건의 실체, 그리고 이 사건과 한국 개신교 간의 관계를 이해하는 것은 매우 중요한 역사적, 신학적 작업이다. 이제 그 고통스럽고 불편한 역사를 하나씩 살펴보자.

---

1 제주 4.3 사건 진상 규명 및 희생자 명예회복 위원회, 『제주 4.3 사건 진상조사 보고서』, 533.

제주 4.3 사건이란 무엇인가?

명칭과 정의

"제주 4.3이란 무엇인가?"라는 질문에 답하는 것은 쉽지 않다. 일단, 특별법과 진상조사단의 활동, 학계의 다양한 연구 등에도 불구하고, 아직까지 사건의 전모와 피해자에 대한 정확한 파악이 완료되지 않았기 때문이다.[2] 그런 제약에도 불구하고, 꾸준히 연구가 진행, 축적되면서 4.3에 대한 이해와 관심이 지속적으로 확장되고 있는 것은 다행스러운 일이다. 그렇다면, 이런 배경을 염두에 두고, 제주 4.3에 대한 공식적 정의를 살펴보자. 특별법과 진상조사 보고서는 이 사건을 '제주 4.3 사건'으로 명명하고, 다음과 같이 정의한다.

> 제주 4.3 사건이란 1947년 3월 1일을 기점으로 1948년 4월 3일 발생한 소요 사태 및 1954년 9월 21일까지 제주도에서 발생한 무력 충돌과 그 진압 과정에서 주민들이 희생

---

[2] "그 특별법과 『4.3 피해조사 보고서』(2000년)가 완성됨으로써 어느 정도의 진실이 밝혀졌음에도 불구하고, 아직까지도 가해자가 누구인지, 구체적으로 누가 희생되었는지, 희생자의 수는 얼마인지, 그리고 가해자는 왜 가해를 했고 희생자는 왜 희생을 당해야 했는지, 그 사건의 구체적인 진행 과정은 어떠했고, 그 사건으로 인한 개인적, 사회적 후유증은 어떠한지 등 사건의 핵심적 진실이 충분하게 밝혀지지 않았다." 유승무, "제주 4.3 사건의 구조적 맥락과 역사 및 사회의 복원의 과제", 사회 사상과 문학 제22권 3호, 57.

당한 사건을 말한다.[3]

이를 통해, 우리는 제주 4.3 사건의 공간은 제주도이며, 기간은 1948년 4월 3일부터 1954년 9월 21일까지임을 알 수 있다. 또한 이 사건의 본질은 '무력 충돌과 그 진압 과정에서 벌어진 주민들의 희생'이다. 무장대의 투쟁 원인과 명분, 토벌대의 진압 명분도 4.3을 둘러싼 중요한 문제임에 틀림없지만, 기본적으로 4.3을 이해하는 핵심은 무장대와 토벌대 사이의 무력 충돌 과정에서, 무고한 제주도 주민들이 상상을 초월한 희생을 당했다는 사실에 있다.

제주 4.3 사건에 대한 이런 명명과 정의에도 불구하고, 여전히 이 사건의 명칭을 둘러싼 논쟁이 진행 중이다. 한금순의 지적처럼, "제주 4.3 항쟁의 정명에 대한 논의는 현재진행형이다. 제주 4.3 항쟁, 제주 4.3 사건, 제주 4.3, 4.3 사건, 4.3 등으로 불리고 있다."[4] 여기서 눈에 띄는 것은 제주 4.3 사건을 '제주 4.3 항쟁'으로 명명하는 입장이다. 예를 들어, 한금순은 제주 4.3을 제주 4.3 항쟁으로 명명하는 것이 정당하다고 주장한다. 4.3이 3.1절 기념 대회에 대한 경찰 탄압에 저항하며

---

[3] 제주 4.3 사건 진상 규명 및 희생자 명예회복에 관한 특별법(약칭: 4.3 사건법) 제1장 총칙 제2장(정의). 법제처 국가법령센터 홈페이지 (https://www.law.go.kr/법령/제주4.3사건진상규명및희생자명예회복에관한특별법).

[4] 한금순, "제주 4.3 항쟁과 제주불교의 사회참여 활동", 대각사상 제31집, 261.

시작되었고, 남한만의 단독 선거를 부정하면서 확산되었으므로, "항쟁으로 명명해도 손색이 없다"는 것이다.[5] 철학자 김용옥도 비슷한 입장을 밝혔다.

> 제주 4.3은 1987년 4월 3일 제주대학교 학생들이 학내에서 4.3 사건 위령제를 지내면서 4.3을 '민중 항쟁'으로 규정했고, 1992년 3월 서울 학고재에서 강요배 화백이 역사화 전시를 열면서 민중 항쟁이라는 명칭을 사용하였듯이, 4.3은 반드시 '민중 항쟁'으로 규정되어야 한다.[6]

하지만, 제주 4.3 사건을 '폭동'으로 규정하는 목소리도 여전히 존재한다. 대표적인 경우가 제주도 신촌교회 류승남 목사다. 제주 4.3 사건을 폭동이라고 확신하기에, 4.3 사건을 민주화 운동이나 항쟁으로 명명하는 것은 명백한 역사 왜곡이라고 주장하면서, 4.3 사건 추모일 제정에 강력히 반대했다. 그는 말한다.

> 이제는 4.3이 폭동이 아닌 민주화 운동으로 4.3 항쟁으로 또는 정부에 의한 양민 학살 사건으로 많은 사람에게 왜곡되어 전달되고 있다.… 따라서 4.3 추념일 제정은 그 누구에게도 도움이 안 되는 일이며 역사를 왜곡되게 만들어 가

---

5 한금순, "제주 4.3 항쟁과 제주불교의 사회참여 활동", 261.
6 김용옥, 『우린 너무 몰랐다』 (서울: 통나무, 2019), 232.

극우주의의 탄생: 제주 4.3 사건

게 된다.[7]

이처럼, 제주 4.3 사건의 실체적 진실과 역사적 의미를 둘러싼 논쟁이 학계를 중심으로 지속되고 있다. 이것은 장차 제주 4.3 사건에 대한 조사와 연구가 진척되고, 이에 대한 피해자와 정부, 학계, 종교계 간의 성실한 논의를 통해 최종 합의에 이를 것이다. 다만, 이 글에선 진상조사보고서와 특별법의 경우를 따라 제주 4.3 사건이라는 명칭을 사용한다.

사건 일지[8]

<u>1947년</u>

3월 1일	3.1절 기념 대회를 제주 북교에서 개최. 3만여 명 참가. 시위 후 경찰 발포로 6명 사망, 8명 중경상.
3월 10일	3.1 발포 책임자 처벌 요구하며 총파업 돌입. 13일까지 166개 기관, 단체에서 41,211명 참여.
3월 14일	조병옥 경무부장 내도. 파업 주모자 검거 명령.

---

7 류승남, "제주 4.3 추념일 제정은 누구를 위한 것인가?", 제주기독신문(2014. 3. 21). 「한국논단」 대표 이도형도 4.3을 일관되게 "4.3 폭동"으로 명명했다. 이도형, "서북청년회가 겪은 건국과 6.25", 현상과 진상 2018년 6월호, 26-34.

8 아래 일지는 4.3평화재단에서 제작한 4.3평화기념관 핸드북『한눈에 보는 4.3』에 수록된 4.3 연표를 토대로 작성한 것이다. 이 연표는 https://jeju43peace.or.kr/kor/sub05_02_03.do에서 확인할 수 있다.

3월 17일	응원경찰대, 중문에서 구속자 석방 요구하는 시위 군중에 발포로 8명 중경상.
6월 8일	경찰 3명이 청년들에게 폭행당하는 '종달리 6.6 사건' 발생.

1948년

1월 22일	군정 경찰, 남로당 조천면 지부 집회 급습하여 106명 검거.
3월 6일	모슬포 지서에서 조천중학원생 김용철 고문으로 사망.
3월 14일	모슬포 지서에서 영락리 청년 양하은 고문으로 사망.
4월 3일	남로당 제주도당 인민유격대 무장봉기.
4월 5일	미군정, 경찰 조직인 제주비상경비사령부(사령관 김정호 경무부 공안국장) 설치.
4월 17일	딘 군정장관, 제주 주둔 맨스필드 중령에게 진압작전에 경비대 동원 지시.
4월 28일	9연대장 김익렬 중령, 유격대 총책 김달삼 간의 평화 회담.
4월 29일	딘 군정장관 극비 제주 시찰. 이후 토벌 위주 정책 전개.
5월 1일	우익청년단의 방화에 의한 '오라리 방화 사건' 발생.
5월 5일	딘 군정장관, 제주도에서 군정 최고수뇌부 회의 주재.

극우주의의 탄생: 제주 4.3 사건

5월 6일	김익렬 9연대장 해임, 후임에 박진경 중령 임명.
5월 10일	제헌국회의원선거(남한 단독선거) / 제주 3개 선거구 중 2개 선거구는 투표율 미달로 선거 무효화.
5월 15일	수원에서 창설된 제11연대 제주로 이동.
5월 20일	하지 사령관, 제주지구 총사령관으로 브라운 대령 임명.
6월 18일	제11연대장 박진경 대령, 부하에 의해 피살.
6월 23일	브라운 대령이 장담한 제주에서의 국회의원 재선거 실패.
8월 15일	대한민국 정부 수립 공포.
10월 11일	제주도경비사령부(사령관 김상겸 대령) 설치.
10월 17일	송요찬 9연대장, 해안에서 5km 이상 통금을 명령하고 어기는 자는 총살하겠다는 포고령 발표.
10월 19일	여순 항쟁 발발.
11월 17일	이승만 대통령 '제주지구 계엄령' 선포. 중산간 마을 초토화 작전 전개.
12월 3-27일	1차 군법회의 총 12차례, 871명 유죄 선고.
12월 18일	로버츠 주한미고문단장, 초토화 작전 벌인 송요찬 연대장을 선전할 것을 한국 측에 통보.
12월 29일	9연대와 교체해 2연대(연대장 함병선 중령) 제주 주둔.
12월 31일	제주도지구 계엄령 해제.

1949년

1월 17일	'북촌 학살 사건' 발생.

2장

3월 2일	제주도지구전투사령부(사령관 유재흥 대령) 설치.
6월 7일	유격대 사령관 이덕구 사망.
6월 23일 -7월 9일	2차 군법회의 총 10차례, 1,659명 유죄 선고.
10월 2일	제주비행장에서 군법회의 사형수 249명 총살 집행 후 암매장.

1950년

6월 25일	6.25 전쟁 발발. 이후 형무소 수감자와 예비 검속자 학살.

1951년

1월 21일	모슬포에 육군 제1훈련소 설치.

1953년

7월 27일	한국 전쟁 휴전 협정 조인.

1954년

9월 21일	한라산 금족 구역 해제.

피해 상황

'제주 4.3 사건 진상 규명 및 희생자 명예회복 위원회'에 신고된 희생자 수는 총 14,028명이다. 하지만 신고하지 않았거나 미확인 희생자가 존재할 것이므로, 위원회는 4.3 피해자를 잠정적으로 25,000-30,000명으로 추정한다. 이런 추정은 "1950년 4월 김용하 제주도지사가 밝힌 27,719명과 한국 전쟁 이후 발생된 예비 검속 및 형무소 재소자 희생 3,000여 명"을 감안한 것이다. 아래의 도표들을 통해, 피해 상황을 항목별로 확인할 수 있다.

[연령별 현황]

구분/계	10세 이하	11-20세	21-30세	31-40세	41-50세	51-60세	61세 이상
합계	814	3,026	4,956	2,108	1,365	899	860
비율(%)	5.8	21.6	35.3	15	9.8	6.4	6.14

[가해자별 현황]

구분/계	토벌대	무장대	기타	공란
합계	10,955	1,764	43	1,266
비율(%)	78.1	12.6	0.3	9.0

[성별 현황][9]

구분/계	남	여	기타	비고
합계	9,637	2,574	32	
비율(%)	78.7	21.0	0.26	

---

9   1993년 3월 20일 제4대 제주도의회에 조직된 '4.3특별위원회'는 1994년 2월 7일부터 2000년 2월 29일까지 총 12,243명의 피해신고를 접수했다. 이 도표는 이 신고 접수를 토대로 작성된 것이며, 진상조사위원회에선 성별 현황 도표를 제공하지 않았다.

[연도별 현황]

구분/계	1947년 이전	1948년	1949년	1950년	1951년 이후	기타
합계	101	7,443	4,802	1,100	326	256
비율(%)	0.7	53.1	34.2	7.8	2.3	1.8

[계엄령 기간 월별 희생 신고 현황]

연도	1948년								
월	4	5	6	7	8	9	10	11	12
합계	194	289	157	81	138	153	804	2,205	2,974

연도	1949년					
월	1	2	3	4	5	6
합계	2,240	671	361	221	156	117

위의 도표들을 살펴보면 몇 가지 특징을 확인할 수 있다. 먼저, 20세 이하와 61세 이상의 희생자가 총 33.54%였고, 여성 피해자도 21%에 달했음을 보여 준다. 곧, 무장대에게 위험한 저항 세력이 될 수 없는 노약자들이 전체 희생자 중 적지 않은 비율을 차지한 것이다. 또한 무장대보다 토벌대에 의해 발생한 희생자 수가 4배 이상 많았다는 사실도 알 수 있다. 무장대의 위협으로부터 주민들을 보호한다는 명목하에 진압 작전이 전개되었지만, 결론적으로 보호 세력이 학살 세력이 되었다는 참담한 역설을 보여 준다. 뿐만 아니라, 계엄령 기간에 전개된 초토화 작전 기간(1948년 10월부터 1949년 2월) 사이에 희생자의 80% 이상이 발생했음을 알 수 있다. 그야말로, 빈대 잡기 위해 초가삼간을 다 태운 것이다. 그 외에 4.3으로 전소된 가옥 수는 총 39,285동이며, 중산간 마을의 95% 이상이 불타

없어졌다. 피해 원인의 대부분은 방화였다.[10]

끝으로, 초토화 작전이 끝난 이후에도 막대한 희생자가 발생했다는 사실이다. 먼저, 제주도지구전투사령부 유재흥 사령관은 선무 공작은 전개하면서 "하산을 하면 과거의 죄를 묻지 않고 생명을 보장하겠다"고 약속했다. 그 결과, 수만 명의 주민이 산에서 내려왔다. 하지만 유 사령관이 제주도를 떠난 후, "1,600여 명이 총살을 당하거나 전국 각지의 형무소로 보내졌다."[11] 뒤이어, 한국 전쟁 동안 4.3 관련자들 3천여 명이 추가로 목숨을 잃었다. 좌익 세력 통제를 목적으로 설치한 보도연맹은 거짓말과 협박마저 마다하지 않으며 회원 모집에 몰두했다. 제주도의 경우, 이미 4.3 진압이 완료되었기에 통제, 감시할 좌익 세력도 거의 존재하지 않았다. 그럼에도 제주에서 5,283명이 모집되었고, 이들 대부분이 한국 전쟁 발발과 함께 처형되었다.[12]

> 1950년 한국 전쟁 시기에 제주도에서 또다시 보도 연맹 가입자, 요시찰자 및 입산자 가족 등이 예비 검속되고 처형되었다. 서귀포항, 제주항 앞바다, 제주읍 비행장, 섯알오름 등지에서 집단적으로 수장되거나 총살되고 암매장되는 등

---

[10] 김신약, "제주 4.3과 개신교: 봉개지구 재건과 함명교회 설립을 중심으로", 제주 4.3과 역사 제20호, 205.

[11] 제주 4.3 사건 진상 규명 및 희생자 명예회복 위원회, 『제주 4.3 사건 진상조사 보고서』, 330.

[12] 같은 책, 331.

으로 학살되었다. 또한 제주도민들은 전국 각지 형무소로 보내어져 수감되기도 했는데, 이들도 즉결 처분으로 학살되기도 했다. 예비 검속으로 인한 희생자와 형무소 재소자 희생자도 3,000여 명에 이르는 것으로 추정되고 있다.[13]

이후 상황

정부과 군대, 경찰이 총동원되어 4.3을 진압했다. 이들은 제주도를 '빨갱이 섬', '좌익의 본거지'라고 규정했다.[14] 무장대에 가담했던 좌익들과 그들의 일가족이 철저히 색출, 제거되었음에도 살아남은 자들은 4.3의 올무에서 벗어날 수 없었다. 도피자 가족들 중에는 생존을 위해 서청단원들과 정략결혼을 한 경우도 적지 않았으며, '빨갱이 누명'을 벗기 위해 귀순자들 중 3만 명이 한국 전쟁 발발과 함께 창설된 해병대에 입대했다.[15] 그럼에도 연좌제라는 덫에 걸려, 오랫동안 유족들은 감내하기 어려운 고통을 겪어야 했다. "사태의 와중에서 군경 토벌대에 의해 죽임을 당하거나 사법 처리를 받았다는 이유만으로 희생자 유가족들은 연좌제에 의해 감시당하고 사회 활동에 심한 제약을 받았다."[16]

---

[13] 한금순, "제주 4.3 항쟁과 제주 불교의 사회참여 활동", 272.
[14] 김용옥, 『우린 너무 몰랐다』, 222.
[15] 현기영, 『순이삼촌』 (서울: 창비, 2021), 80, 83.
[16] 제주 4.3 사건 진상 규명 및 희생자 명예회복 위원회, 『제주 4.3 사건 진상조사 보고서』, 496.

극우주의의 탄생: 제주 4.3 사건

피해 사례	비율(%)
공무원 임용 시험에서 불이익	26
사관 학교 등 각종 입학 시험에서 불이익	23
국, 공기업이나 사기업 취직 또는 승진에서 불이익	18
군, 경찰에서 승진 등에 불이익	16
국내외 여행 및 출입국 과정 불이익	8
일상생활 감시	30
각종 신원 조회	60

 이처럼, 무장대와 관계가 없지만 생존을 위해 산으로 들어가야 했던 수많은 사람이 폭도, 공비, 빨갱이란 누명을 뒤집어쓰고 학살을 당했고, 그 유족들은 빨갱이 가족이란 또 다른 낙인 속에 부당한 차별과 감시 속에 한 서린 세월을 살아야 했다. 그럼에도 그들은 누구에게도 자신들의 억울함을 토로할 수 없었다. 정부에 탄원하거나 재판을 요청할 수도 없었다. 무고한 사람들을 수없이 살해한 이들에게 죄와 책임을 물을 수도 없었다.

 도대체가 그건 엄두도 안 나는 일이었다. 왜냐하면 당시의 군 지휘관이나 경찰 간부가 아직도 권력 주변에 머문 채 떨어져 나가지 않았으리라고 섬사람들은 믿고 있기 때문이었다. 섣불리 들고 나왔다간 빨갱이로 몰릴 것이 두려웠다. 고발할 용기는커녕 합동위령제 한번 떳떳이 지낼 뱃심조차 없었다. 하도 무섭게 당했던 그들인지라 지레 겁을 먹고 있는 것이었다. 그렇다. 그들이 원하는 것은 결코 고발이나 보복이 아니었다. 다만 합동위령제를 한번 떳떳하게 올리고 위령비를 세워 억울한 죽음들을 진혼하자는 것이었

2장

다.**17**

제주도민이 4.3 문제를 처음 공적으로 제기한 것은 4.19 혁명으로 이승만 정권이 붕괴된 직후였다. 같은 해 5월, 제주대학교 학생들이 4.3 사건 '진상 규명 동지회'를 조직하고 진상조사에 나섰고, 6월에 제주도의회에서 희생자 유족들이 처음으로 억울함을 호소하고 국회 차원의 조사도 진행된 것이다. 하지만 1961년, 5.16 군사 쿠데타로 진상 규명에 나선 인사들이 구속되고 유족들도 연행되었다. 이후, 1989년까지 제주 4.3 사건은 대한민국의 역사에서 사라졌다.

하지만 1987년, 6.10 항쟁 이후 이 땅에 민주화의 물결이 밀려들었다. 이런 상황에서, 1989년 제주 지역 사회 단체들이 '제1회 제주항쟁 추모제'를 개최했고, '제주 4.3 연구소'가 문을 열었으며, 제주 신문이 4.3의 증언을 연재하기 시작했다. 1990년 6월에는 '제주 4.3 사건 민간인 희생자 유족회'가 조직되었고, 1991년 4월 3일에는 제주도민 주도로 위령제가 진행되었다. 이것은 1994년부터 유족회와 제주도의회가 공동 주관하는 합동위령제로 발전했다. 1993년엔 제주도의회가 '4.3 특별위원회'를 설치하고 피해 실태를 조사하기 시작했다.

한편, 김영삼 정부는 "공인된 단체에서 진상 규명 작업을 할 경우 정부에서 모든 협조를 하겠다"는 입장 표명과 함께 제주도의회에 '4.3 피해 신고실'을 설립했다. 김대중 정부도 당

---

17 현기영, 『순이삼촌』, 85-86.

극우주의의 탄생: 제주 4.3 사건

내 조사 위원회를 구성하는 등 진상 규명을 위해 노력했다. 이런 흐름에 맞추어, 1999년에 4.3 도민 연대, 제주 종교인 협의회, 4.3 범국민 위원회 등이 '4.3 특별법' 제정을 강력히 요구했다. 1999년 12월 16일, '제주 4.3 사건 진상 규명 및 희생자 명예회복에 관한 특별법'이 국회 본회의를 통과하고 2000년부터 시행되었다.

2003년 10월, 노무현 대통령이 국가 원수로서 최초로 4.3에 대해 사과했고, 2005년 국가 차원에서 4.3 사건에 대한 공식 사과를 했다. 하지만 이후 9년간 정권을 장악했던 보수 정권은 4.3에 대해 소극적 태도로 일관했다. 다만, 2014년 박근혜 정부는 4.3 희생자 추념일을 국가 추념일로 지정했지만, 추념식엔 문재인 대통령만 유일하게 참석했다.[18] 2017년 10월 17일에는 제주 4.3 관련 유관 단체들이 '제주 4.3에 대한 미국과 UN의 책임 있는 조치를 촉구하는 서명 운동'을 진행했고, 10만 명 이상이 서명한 서명지를 주한 미대사관에 전달했다. 2019년 3월에는 파비앙 살비올리Fabian Salvioli UN 특별보고관이 제주 4.3 평화 공원을 방문하여 참배하고, 제주 4.3 해결을 위한 지원을 약속했다.[19]

---

[18] 권광수, "오는 3일은 '제주 4.3 희생자 추념일'", 중앙일보 인터넷 기사, http://www.joongang.tv/news/articleView.html?idxno=53495.

[19] 위에 서술한 4.3 이후 전개된 상황은 권지연, "[제주4.3] 4월이면 열병을 앓는 제주를 위로한다", 평화나무 인터넷 기사, https://www.logosian.com/news/articleView.html?idxno=121를 주로 참조하여 정리한 것이다.

제주 4.3 사건을 바라보는 상반된 시각

대한민국에서 제주 4.3 사건은 어떻게 이해되고 있을까? 특히, 토벌 과정에서 발생한 학살을 사람들은 어떻게 평가하는가? 4.3 발발 당시, 정부는 제주도 봉기를 남로당에 의한 폭동으로 규정했고, 이것은 오랫동안 4.3에 대한 대한민국의 공식적 입장으로 통용되었다. 동시에 4.3 진압과 그 과정에서 발생한 희생은 정부의 정당한 대응과 그 결과였다고 주장했다. 하지만 지난 70년간 유족들과 다양한 관련 단체들, 그리고 학계의 꾸준한 노력으로 4.3에 대한 대중적 인식에 근본적인 변화가 일어나고 있다. 정부 차원에서 특별법과 국가 추념일을 제정하고, 대통령이 공식적으로 사과한 것이 그런 변화를 추동하고 또한 상징한다. 하지만 여전히 4.3을 폭동과 반란으로 규정하며, 이런 변화된 흐름을 정면으로 거부하는 사람들도 존재한다. 4.3에 대한 이런 상반된 목소리를 직접 들어보자.

"그건 명백한 죄악이었다."

아, 떼죽음당한 마을이 어디 우리 마을뿐이던가. 이 섬 출신이거든 아무라도 붙잡고 물어보라. 필시 그의 가족 중에 누구 한 사람이, 아니면 적어도 사촌 중에 누구 한 사람이 그 북새통에 죽었다고 말하리라. 군경 전사자 몇 백 명과 무장공비 몇 백을 빼고도 삼만 명에 이르는 그 막대한 주검은 도대체 무엇인가? 대사를 치르려면 사기그릇 좀 깨지게 마련이라는 속담은 이 경우에도 적용되는가. 아니다. 어디

그게 사기그릇 좀 깨지는 정도냐. 아 멀리 육지에서 바다 건너와 그 자신 적잖은 희생을 치러 가면서 폭동을 진압해 준 장본인들에게 오히려 원한을 품어야 하다니, 이 무슨 해괴한 인연인가. 그러나 누가 뭐래도 그건 명백한 죄악이었다.[20]

"4.3 사태 이후의 토벌은 민간 학살일 뿐이다."

4.3은 결코 '무장봉기'가 아니다. 억눌린 민중이 소총 몇 자루 가지고 경찰서를 습격한 사건을 민중 항쟁의 핵심적 사태로 인지하는 것은 전적으로 오류에 속한 것이다. 그것은 민중 항쟁의 가냘픈 호소일 뿐이다. 그들을 무장대라고 불러서도 아니 되는 것이다.… 그러니까 4.3 사태 이후의 토벌이라는 것은 '무장 대 무장'의 전쟁이 아니라, 그냥 정부 병력의 민간 학살일 뿐이다. 4.3 의미를 침소봉대할 수 없다. 산으로 피신 간 사람들은 무장 투쟁을 위해 간 것이 아니라, 단지 학살을 피하기 위한 도피였을 뿐이다. 한 번도 제대로 싸워 본 적이 없다.[21]

"4.3 폭동 강경 진압은 건국 과정에서 이해해야 한다."

---

20 현기영, 『순이삼촌』, 85.
21 김용옥, 『우린 너무 몰랐다』, 232-233.

제주도민의 피해가 많았다고 할지라도 해방 이후 미군정에서 공산 활동이 전국적으로 일어나고 있는 상황에서 제주도민을 공산당(남로당)의 폭동에서 지키고 나라를 세우는 과정에서 일어난 사건으로 보아야 한다. 군경과 서북청년단의 과도 있었지만 당시 건국 과정에서 이해를 해야 한다. 진정한 화해와 상생은 서로를 이해하려는 노력과 더불어 역사의 올바른 해석이 될 때 가능한 것이다. 화해와 상생을 말하면서 군경을 학살자로, 폭동을 일으킨 주동자들은 좋은 세상 꿈꾸는 자들로 미화되고 있고, 나라를 지키고 제주도를 지켜 냈던 군경은 학살자로 규정이 되어 2021년도에는 국방부장관과 경찰청장이 사과하기에 이르렀다. 화해와 상생을 말하면서 대한민국의 정통성을 부정하고 남로당에 의한 폭동을 미화시키는 일은 화해와 상생이 아닌 도민을 분열하게 하는 일이다. 제주 기독교는 당시 주어진 상황에서 사회적 책임을 잘 감당했다.[22]

"4.3에 대한 서청의 폭력적 대응은 대한민국 건국에 기여했다."

이렇듯 공산당은 먼저 폭력으로 공장 가동을 멈추고 불법 파업 또는 경찰 및 경찰 가족을 살해했다. 이에 서청이 달려가 눈에는 눈, 이에는 이, 식으로 폭력으로 대응하여 공

---

[22] 류승남, "제주 4.3 사건과 제주 교회의 피해", 예장통합뉴스 인터넷 기사, https://www.pckci.com/1421.

산당의 폭력을 억제하고 승리했다. 박헌영(조선공산당수, 후에 남조선로동당수)의 8월 테제에 따른 1945년 9월부터의 전국총파업, 1946년 10월 1일의 대구 폭동, 1948년 4월 3일의 제주 폭동…이 모두 다 그랬다. 그처럼 공산당의 폭력을 폭력으로 맞서 다스린 서청이 없었다면 대한민국 건국도 그만큼 어려웠을 것이다.[23]

제주 개신교는 4.3 사건과 어떤 관계가 있는가?

제주 개신교는 4.3이 불편했다.

제주 개신교의 역사는 1904-1906년 김재원과 조봉호가 이호리와 금성리에 신앙 공동체를 설립하면서 시작되었다. 1907년 장로교 최초의 목사들로 안수받은 7인 중 한 명인 이기풍 목사가 제주도 선교사로 임명되어 1908년 제주도에 입도하여, 홍순흥, 김재원, 김행권 등과 함께 제주도 최초의 교회인 성내교회를 설립했다.[24] 1930년대엔 4-6명의 목사, 20여 곳의 교회와 기도처가 존재했다. 하지만 태평양 전쟁이 발발하면서, 제주도에도 '국민총력 조선예수교장로회 제주지맹'(1942년)이 결성되어 군수물자로 교회 종 등을 헌납했다.

일제의 기독교 통합 정책에 따라, 1943년 제주노회가 해산

---

23 이도형, "제주 4.3 항쟁과 제주불교의 사회참여 활동", 29-30.
24 "제주 성안교회 발자취" http://www.jejuseongahn.org/page/st03#j.

되고 '일본 기독교 조선교단 제주교구'가 설립되었다. 그 결과, 강문호와 이도종, 조남수를 제외한 모든 목사와 전도사가 제주를 떠나야 했다. 하지만 일본어에 능통했던 강문호와 조남수만 목사직을 유지했고 이도종은 목회를 중단해야 했다. 1945년 해방 후 목사들이 복귀함으로써 1946년에는 목사가 4명으로 증가했다. 이들은 교회 재건과 부흥을 위해 순회 전도 강연을 펼쳤다. 김신약에 따르면, 당시 목사들의 순회 강연은 종교적 내용과 반공 교육이 결합된 것이었다고 한다.

> 이 순회 강연회는 사상 강좌의 성격을 가지고 있었는데, 네 명의 목사는 설교와 함께 '공산주의에 빠지지 말자'는 제목의 강연을 지속했다. 정리하자면, 당시 제주 개신교에게 4.3은 '교회의 재건 및 반공주의 강조'의 시기와 맞닥뜨린 사건인 것이다.[25]

이처럼 해방 이후 4.3 직전까지, 제주 기독교는 기본적으로 반공 진영에 속했고, 미군정과 긴밀한 관계를 맺고 있었다. 하지만 양봉철의 연구에 의하면, "제주 기독교는 공산주의 사상에 분명한 반대의 입장을 취하면서도 직접 좌익에 맞서 투쟁하는 선봉에 서지 않았다. 따라서 좌익 세력은 기독교를 경계하면서도 노골적인 공격을 할 수 없었"으며,[26] 이런 제주 기독교의 태

---

[25] 김신약, "제주 4.3과 개신교: 봉개지구 재건과 함명교회 설립을 중심으로", 194-195.
[26] 양봉철, "제주 4.3과 서북기독교", 4.3과 역사 제9, 10호 합본호, 250-251.

극우주의의 탄생: 제주 4.3 사건

도를 박용규는 "이 시대 제주 기독교는 참으로 지혜로웠다"고 평가했다.**27** 이런 모습과 인식이 이후 제주 기독교의 행보에 지속적인 영향을 끼쳤으며, 그 영향은 오늘까지 지속되고 있다.

제주 개신교는 자신을 4.3의 피해자라고 생각했다.

제주 개신교회는 자신을 제주 4.3 사건의 피해자로 간주했다. 구체적인 피해 상황이 공적으로 처음 거론된 것은 1949년 제35회 총회(새문안교회)였다. 당시 제주노회장 강문호 목사는 다음과 같이 피해 상황을 보고했다.

> 제주도는 개벽 이래 처음 보는 민족 항쟁의 처참한 사태에 빠져 사상자가 양민 1,512명, 반도가 수만 명, 가옥 소실은 34,611동, 이재민은 86,757명, 학교 소실은 초등학교 175학교, 중등학교 11개교, 교회 관계 피해는 피살자가 15명인데, 이도종 목사는 작년 6월 16일 교회로 가던 도중에 납치된 후 종적이 없사오며, 허성재 장로는 중학생에게 살해를 당했고, 서귀포교회 임 씨는 예배당 소제를 하던 중 폭도에게 피해를 당했고, 교회 건물 피해는 서귀포, 협재, 삼양, 조수 등 4처 예배당이 소실되고, 서귀포, 세화 등 2처의 목사 댁이 소실되었고, 교인 가옥 소실은 서귀포 1, 중문 1, 인성 3, 협재 6, 삼양 15, 제주읍 1, 외도 3, 남원 3동 이상 33

---

27 박용규, 『제주기독교회사』(서울: 생명의말씀사, 2008), 506.

호이옵고, 농작물 형편은 전경작지의 5분의 1에 불과하오며, 총성이 그칠 사이가 없으므로 민중은 공포에 싸여 실로 생지옥을 이루고 있습니다.[28]

이 보고를 통해 확인할 수 있는 것은 교회 관련 피살자 15명, 4개 교회 소실, 목사 사택 2곳 소실, 교인 가옥 33호 소실, 농작물 피해 등이었다. 보다 구체적으로, 피살자 명단은 목사 1명(이도종), 장로 1명(허성재), 집사 2명(부양은, 진시규), 교인 13명(오대호, 진학인, 임명선, 오병필, 오병필 동생, 최순임, 허영국, 고창선, 권찰, 학생, 김승은, 지성익, 지성익 동생)이다. 희생의 유형을 살펴보면, "폭도에 납치되어 순교한 사람이 4명, 자택에서 기독교인이란 이유로 폭도에게 피살된 사람이 6명, 국군에게 피살된 사람이 4명, 승차 중 폭도의 습격으로 피살된 사람이 2명, 교회당 소각시 함께 피살된 사람이 1명이다."[29] 하지만 제주 4.3 연구가인 양봉철의 판단에 의하면, "다행히 일반 주민들이 입은 피해와 비교할 때 별로 큰 피해는 아니었다."[30]

제주 개신교는 4.3으로 교세가 성장했다.

제주 개신교가 자신의 피해를 부각시키지만, 사실 4.3을 통해 교회가 설립되고 교세가 확장되기 시작한 것도 사실이다. 앞에

---

28 『총회록』(1947-1955), 67-68. 류승남, "제주 4.3 사건과 제주 교회의 피해"에서 재인용.
29 같은 책.
30 양봉철, "제주 4.3과 서북기독교", 48.

서 언급했듯이, 제주교회는 1943년 이후, 교회 수에 비해 목회자가 절대적으로 부족했다. 해방 전까지 제주 개신교는 새로운 교회를 설립하지 못했다. 하지만 4.3 피해자의 80% 이상이 발생했던 1948-1949년 사이에 제주 교회는 7개 교회를 신설했다.[31] 뿐만 아니라, 한국 전쟁이 발발한 1950년부터 피난민들이 제주도에 대거 유입되었다. 그들 중에는 기독교인들도 많았으며, 그들을 중심으로 제주도 도처에 교회들이 빠르게 설립되었다.[32]

그런데 4.3 동안 신설된 교회들을 주목할 필요가 있다. 제주에서 4.3과 개신교의 독특한 관계를 이해하는 데 중요한 단서를 제공하기 때문이다. 대표적인 예가 봉개지구에 개척된 함명교회다. 봉개지구는 "봉개리와 용강, 명도암, 회전 등을 아우르는 지역"을 말하며, 중산간 마을 중 규모가 가장 큰 곳이었다. 하지만 무장대의 핵심 요원을 다수 배출하여, 무장대와 토벌대 간의 충돌이 가장 빈번했던 지역이었다. 결국, 1948년 11월부터 1949년 2월까지 전개된 초토화 작전으로 봉개지구는 철저히 파괴되었다. "1949년 2월 4일에만 봉개지구에서 수백 명이 사살되고 백 명 이상이 잡혀간 것으로 보고되었다."[33] 이

---

31 김신약, "제주 4.3과 개신교: 봉개지구 재건과 함명교회 설립을 중심으로", 195.

32 당시 신설된 교회는 제주영락교회, 도두교회, 한라교회, 화북교회, 신촌교회, 함덕교회, 시온교회, 효돈교회, 보목교회, 토평교회, 추광교회 등이다. 고민희, "제주 기독교의 선교 양태에 관한 비교 연구", 한국기독교신학논총 제112집, 107.

33 "제주서 육해공 공동 작전-사살이 360, 포로 130명", 조선중앙일보

작전은 2연대 2대대와 3대대가 주도했다. 3대대는 서청으로 구성된 부대다.

초토화 작전 이후 중산간 마을이 복구되기 시작했는데, 가장 먼저 복구된 곳이 봉개리였다. 그런데 이 마을은 2연대장 함병선 중령과 작전참모 김명 대위의 이름을 따서 함명리로 재건되었다. 그리고 "4.3 사건의 참화와 쓰라린 상처를 입은 주민들을 그리스도의 복음으로 싸매 주기 위해"[34] 교회를 건축하자는 서부교회 이윤학 목사 등의 건의에 따라, 신의주제일교회 출신인 심양지서 소속 최○○ 경사와 그의 아내 김○○ 외 몇몇 주민이 함명지서에서 예배를 드리기 시작했다. 후에 교회 건물도 부대의 지원으로 건축했다. 정확한 문헌적 증거는 없지만, 당시 서청단원들이 제주 경찰에 대거 투입된 것을 고려할 때, 최○○ 경사도 서청 소속일 것으로 추측된다.[35] 제주 4.3과 개신교의 관계를 연구한 김신약은 함명교회 설립의 의미를 다음과 같이 정리했다.

> 함명교회는 제주 개신교의 전환점에 있던 교회다. 일제가 교회를 억압한 1930년대 말부터 4.3이 발발하던 시기까

(1949년 2월 9일). 김신약, "제주 4.3과 개신교: 봉개지구 재건과 함명교회 설립을 중심으로". 210에서 재인용.

34 제주노회사출판위원회, 『제주노회사』(제주: 신제주인쇄사, 2000), 127.

35 김신약, "제주 4.3과 개신교: 봉개지구 재건과 함명교회 설립을 중심으로", 217-218.

지, 제주에는 복구가 아닌 새로 세워진 교회가 없었다. 4.3이 발발한 이후에야 교회들이 생겨났는데, 그중 하나가 함명교회였다. 1948-1949년도에 생겨난 교회는 서호교회, 강정교회, 표선교회, 애월교회, 여래교회, 판포교회, 함명교회 등이었는데, 함명교회와 서호교회, 여래교회, 판포교회의 설립과 초기 사역은 4.3과 직접적인 관계를 가지고 있다.[36]

제주 개신교는 선무, 구제 활동에 참여했다.

1949년 4월에 모인 제35차 장로교 총회에서 제주 노회장 강문호 목사가 제주도 피해 상황을 보고한 뒤, "이런 사태에 당하여 중앙 정부에서는 반도 진압에 주력함과 동시에 이재민 구호에 힘쓰고 있고, 신구 양 선교사 단체에서는 구호 물품을 가지고 가서 분급하기도 하며 진상을 조사하는 등의 활동이" 있다고 정부와 교회의 활동 상황도 설명했다. 이어서 "같이 동포된 우리 민족에서는 아직까지 개인이나 단체로서 여기에 대한 여하한 동태도 없음은 실로 유감천만사외다"라고 안타까움을 토로한 뒤, 다음과 같이 총회에 요청했다.

> 민족의 동맥이 되어야 할 우리 총회는 급속한 시일에 위문단을 특파하여 진상을 조사하시며 조국의 평화 수립과 아

---

[36] 김신약, "제주 4.3과 개신교: 봉개지구 재건과 함명교회 설립을 중심으로", 206-223.

울러 동포의 구령을 위하여 유효한 대책을 강구하여 주시옵고, 또 총회로서 중앙정부에 종군목사제도 설치를 건의하여 주시옵기 자에 청원하오니 조량하시옵소서.[37]

이처럼, 제주교회는 천주교와 협력해서 구호 활동을 전개하고 있지만 역부족이라, 총회 차원의 도움을 절박하게 요청했다. 하지만 당시 장로교회에서 막강한 영향력을 발휘하던 한경직 목사와 총회는 4.3 동안 철저히 제주도를 외면했다. 장로교회가 제주도에서 활동을 재개한 것은 1949년 후반부터이며, 한경직 목사가 제주도를 방문한 것은 한국 전쟁 중 제주도로 피난 간 500여 명의 영락 교인들이 제주영락교회를 개척했던 1952년경이었다.

한편, 제주 사람들이 "한국판 쉰들러"라고 부르는 조남수 목사(모슬포교회)는 150여 차례의 선무 활동으로 수천 명의 사람을 구한 것으로 유명하며, 도민들이 자발적으로 세운 그의 공덕비가 모슬포 항구 언구에 세워져 있다. 기록에 의하면, 주민들이 무장대와 토벌대 사이에서 극심한 고통을 당하자, 조남수 목사가 토벌대장 문형순(모슬포 지서장)을 만났다. 그는 문제 해결책으로 두 가지 방안, 곧 주민들이 무장대에게 식량과 생필품을 제공했을지라도 결코 국군이 죽이지 않는다고 보장하고, 각 부락에 돌로 3m 높이 성을 쌓아 자체 방어선을 구축하라고 제안했다. 의견이 일치된 두 사람은 다시 경비대 허욱

---

[37] 『총회록』(1947-1955), 67-68.

대장을 만났고, 그는 조남수 목사에게 자수 권유와 계몽 활동을 부탁했다. 조 목사는 1948년 11월부터 여러 부락을 순회하며 주민들에게 자수를 권하여 3천여 명을 죽음에서 건져 냈다고 한다.[38]

그런데 제주일보 좌동철 기자에 의하면, 제주 4.3 평화기념관은 무고한 양민의 학살을 막은 7명의 '의로운 사람들' 곧, "문형순 서장, 김익렬 9연대장, 김성홍 '몰라구장', 서청단원 고희준씨, 강계봉 순경, 장성순 경사, 외도지사 방方 경사"를 소개하면서 조남수 목사의 이름은 누락되어 있다.[39] 만약, 조남수 목사의 활동이 사실이라면, 그의 이름을 누락한 것은 진상조사와 역사 연구의 심각한 오류다. 반면, 조 목사와 협력했던 문형순 서장이 기념관 명단에 올라 있으면서 조목사 이름이 누락되었다면, 기독교 측의 주장에 오류가 있을 가능성도 배제할 수 없다. 이 문제의 진위 여부가 궁금하다.[40]

---

[38] 류승남, "제주 4.3 사건과 제주 교회의 피해." 박창건, "4.3 사건과 조남수 목사 공덕비", 기독신문 인터넷 기사, https://www.kidok.com/news/articleView.html?idxno=204735. 한편, 함명교회를 설립했던 김○○의 증언에 따르면, 자신의 남편 최○○ 경사가 함명지서에 근무하던 당시, 자신의 지서 내에선 무장대와 산 사람들을 포함하여 "한 사람이라도 죽이지 않으려고 애를 써서 사람들을 많이 살렸다"고 한다. 김신약, 218-219.

[39] 좌동철, "(41) 조남수 목사의 생애를 되돌아본다", 제주일보 인터넷 기사, https://www.jejunews.com/news/articleView.html?idxno=1975769.

[40] 현기영의 『순이삼촌』에서 주인공인 나(상수)는 서북청년단 출신 고모부와 대화 중, 선무공작 이야기가 나오자, 흥분하여 다음과 같이 말

세상은 개신교를 4.3 학살의 주범으로 지목한다.

제주 4.3 사건은 3만 명 이상의 제주도민의 무고한 목숨과 엄청난 재산의 피해를 초래했다. 이때 살상과 파괴의 주범은 무장대와 토벌대다. 하지만 양자의 책임을 양적으로 비교하는 것은 거의 무의미하다. 후자의 책임이 압도적으로 크기 때문이다. 그런데 유독 제주 4.3 사건은 개신교와 부정적 관계를 맺어 왔다. 100년이 넘는 선교 활동에도 불구하고, 제주도가 전국에서 복음화율이 가장 낮은 이유, 제주도 사람들이 육지 사람들에 대한 텃세가 심한 이유는 제주 4.3 사건이 제주도민에겐 거의 종족살인genocide로 경험되었고, 그 비극의 배후와 전면에 개신교인들이 포진해 있었기 때문이다. 서북청년단이 포악한 개신교의 대표적인 상징이었지만, 당시의 미군정과 이승만 정부는 친기독교적 입장을 견지하면서 서북청년단을 적극 지원하고 활용했다. 그렇다면 제주 4.3 사건의 비극을 초래한 가해 세력으로서 개신교를 살펴보자.

미군정

진상조사 보고서는 4.3 사건과 미군정과 미군의 책임을 분명히 지적한다. 물론, 미군정과 미군을 개신교와 동일시할 수 없다. 하지만 제2차 세계대전 후 냉전이 시작되었고, 한반도가

했다. "바로 그것입쥬. 선무공작은 왜 진작에 쓰지 못했느냐는 말이우다. 처음부터 선무공작을 했으면 인명 피해가 그렇게 많이 나지 않아실 거라 마씸. 폭도도 무섭고 군경도 무서워서 산으로 피난 간 양민들을 폭도로 간주해시나…", 85.

극우주의의 탄생: 제주 4.3 사건

그 냉전의 최전선이 되었다. 이때, 미군정은 남한에서 개신교인들을 자신의 협력자로 선정하고, 이들과 긴밀한 협력 속에 자신의 남한 정책을 실행에 옮겼다. '반공, 친미, 친자본'을 추구했던 미국과 미군정이 한반도에서 가장 신뢰할 수 있는 세력은 개신교인들이었다. 전직 주한 선교사들이나 그들의 자녀들을 통역관과 고문관으로 발탁했고, 그들이 추천한 기독교인들을 정부 요직에 채용했다. 그들은 군정과 긴밀한 관계를 유지하며 남한에서 막강한 힘을 발휘했으며, 그런 과정에서 개신교회에게 예외적인 특혜가 주어졌다.[41] 이런 밀착 관계는 제주 4.3 사건을 진압하는 과정에서 동일한 방식으로 작동했다.[42] 그렇다면, 기독교적 배경을 가진 미군정은 4.3에서 어떤 역할을 했는가? 진상조사 보고서의 내용을 인용해 보자.

4.3 사건의 발발과 진압 과정에서 미군정과 주한미군사고

---

[41] 미군정 치하에서 남한 개신교가 누린 특혜와 군정과의 밀월 관계에 대해선, 배덕만, "정교 분리의 복잡한 역사: 한국 보수적 개신교를 중심으로, 1945-2013", 한국교회사학회지 제43집, 185-188 참조.

[42] "미국의 점진적인 철군과 경찰력의 한계 때문에 미군정의 좌파 탄압을 위해 서북청년단 등 우익청년 단체들이 좌파의 파업에 대한 탄압 행위를 허용하였다. 이에 따라 서북청년단은 미군정의 좌파 탄압 정책에 따라 적극적으로 테러 활동을 전개하였다. 서북청년단이 대구 10.1 사건 진압을 위해 파견되었고, 이후 1947년 3월 제주도의 평화적 시위 이후 제주도 인위 세력 탄압을 위해 서북청년단이 파견되어 좌파 및 민간인에 대한 무차별적인 폭력을 행사하였다." 김평선, "서북청년단의 폭력 동기 분석: 제주 4.3 사건을 중심으로", 4.3과 역사 제9,10호 합본호, 296-297.

문단도 자유로울 수 없다. 이 사건이 미군정하에서 시작됐으며, 미군 대령이 제주지구 사령관으로 직접 진압 작전을 지휘했다. 미군은 대한민국 수립 이후에도 한미 간의 군사협정에 의해 한국군 작전 통제권을 계속 보유하였고, 제주 진압 작전에 무기와 정찰기 등을 지원하였다. 특히 중산간 마을을 초토화시켰던 9연대의 작전을 '성공한 작전'으로 높이 평가하는 한편 군사고문단장 로버츠 준장이 송요찬 연대장의 활동상을 대통령의 성명 등을 통해 널리 알리도록 한국 정부에 요청한 기록도 있다.**43**

조선민주당

서북청년단의 상징적 인물인 문봉제의 증언처럼, 서북청년회의 전신인 평안청년회는 조선민주당(조민당)의 청년부였다. 그 결과, 서북청년회 핵심 인물 중 다수가 조민당 출신이었다. 예를 들어, 문봉제는 평남개천군당의 서기장 겸 정치부장이었고, 선우기성은 평북 정주군당의 조직부장이었다. 이처럼, "서청은 피난 조민당의 산하 단체로 조직되었다고 할 만큼 조민당과 밀착된 관계를 계속 유지했다."**44**

그렇다면 조민당은 어떤 단체인가? 이 당은 1945년 11월 3일 평양에서 평양의 대표적인 개신교인이자 민족주의자였던 조만식의 주도하에 개신교 청년들을 중심으로 창당된 정당이

---

43 제주 4.3 사건 진상 규명 및 희생자 명예회복 위원회, 『제주 4.3 사건 진상조사 보고서』, 539.
44 양봉철, "제주 4.3과 서북기독교", 213-214.

다. '민족의 독립, 남북의 통일, 민주주의의 확립'을 당의 정치 노선으로 설정했고, 민족자본가, 도시 소부르주아, 개신교도를 망라했다. 개신교 세력이 강했던 서북 지역을 기반으로 했기 때문에, "지역 기독교도들의 사회, 경제적 성향과 조민당의 계급적 기반은 거의 일치했다."**45** 이들은 초기에 북한에서 막강한 영향력을 행사했지만, 신탁 통치안을 반대하면서 소련 군정의 탄압을 받았고, 당수인 조만식은 연금을 당했다. 이후, 부당수 이윤영 목사를 포함한 고위 간부들 대다수가 월남했다.

1946년 2월에 월남한 조민당 간부들은 이윤영을 중심으로 당을 재건하기 위해 노력했고, 같은 해 여름 동아일보사에 당사를 마련하고 재건에 성공했다. "이윤영을 대표로 하고, 정치부장에 김병연, 사무국장에 이종현이 지명되었다. 조민당은 반공통일을 근본 당시로 하여, 반탁 운동의 급선봉이 되었다."**46**

이승만과 조병옥

4.3 관련자 중 가장 고위직에 있던 개신교인들은 이승만 대통령과 조병옥 경무부장이었다. 두 사람 모두 선교사들의 후원으로 미국에서 유학하여 박사학위를 받은 남한의 대표적인 개신교인들이었다. 동시에 이들은 철저한 반공주의자로서 제주 4.3 사건을 공산주의자들의 반국가적 폭동으로 규정하고, 철

---

45 양봉철, "제주 4.3과 서북기독교", 191.
46 같은 책, 211.

저한 진압을 명령하고 실행했다. 먼저, 진상조사서는 4.3에서 발생한 비극적 살상의 최종 책임이 이승만 대통령에게 있다고 명백히 지적했다.

> 최종 책임은 이승만 대통령에게 돌아갈 수밖에 없다. 이승만 대통령은 계엄령을 선포하고, 1949년 1월 국무회의에서 "미국 측에서 한국의 중요성을 인식하고 많은 동정을 표하나 제주도, 전남 사건의 여파를 완전히 발근색원拔根塞源하여야 그들의 원조는 적극화할 것이며 지방 토색討索 반도 및 절도 등 악당을 가혹한 방법으로 탄압하여 법의 존엄을 표시할 것이 요청된다"고 발언하며 강경 작전을 지시한 사실이 이번 조사에서 밝혀졌다.[47]

또한, 이승만 대통령은 제주 4.3 학살의 주된 가해 세력인 서북청년단의 창설과 제주 파견에 직접적인 영향을 끼쳤다. 곧 서북청년단은 "이승만, 김구, 한민당의 재정 지원을 받았다."[48] 그래서 혹자는 서북청년단을 "이승만 박사의 백색 테러단"이라고 혹평했다.[49] 뿐만 아니라, 이승만은 서북청년단에게 제주 진압의 정당성을 부여했고, 제주의 소요를 진압하는

---

[47] 제주 4.3 사건 진상 규명 및 희생자 명예회복 위원회, 『제주 4.3 사건 진상조사 보고서』, 538.
[48] 김용옥, 『우린 너무 몰랐다』, 229.
[49] 문봉제, "서북청년회(3)", 중앙일보(1972년 12월 23일), 양봉철, "제주 4.3 과 서북기독교", 213에서 재인용.

작전에 서북청년단을 적극적으로 동원했다. "서청의 제주 파견에는 이승만 대통령과 미군이 후원했음을 입증하는 문헌과 증언이 있다."[50] 예를 들어, 이승만은 서북청년단 단원들을 경찰로 끌어들이기 위해, 단원들을 모집하여 합류한 사람에게 간부 계급장을 즉시 달아 주었으며, 이들은 극히 짧은 기간의 훈련만 받고 제주도에 경찰로 파견되었다.

조병옥의 경우도 마찬가지다. 그는 서북청년단이 좌파 테러를 자행하여 군정과 마찰을 빚었을 때도 적극 두둔했다. 그 결과, 좌파 계열의 청년 단체가 미군정에 의해 해산되었지만, 서북청년단은 조병옥을 비롯한 우파 한국인 관료들의 도움으로 조직을 계속 유지할 수 있었다.[51] 제주도에서 무장봉기가 발발하자, 조병옥은 서북청년단의 문봉제 위원장에게 단원 500명 파견을 요청했고, 이후 200명 서청단원들이 제주서, 서귀포서, 그 외 여러 파출소에 파견되었다.[52] 또한, 4.3 발발 후 9연대 김익렬 중령과 무장대 측 군사 총책 김달삼 간의 평화 협상이 성사되었지만, 미군정은 신속한 무력 진압을 요구했다. 5월 5일, 미군정 수뇌부가 참석한 가운데 비상 대책 회의가 열렸다. 이 자리에서 김익렬 중장은 미 군정장관 딘 소장을 설득하려 했지만, 조병옥이 그를 빨갱이로 몰며 강경 진압을 고

---

50 제주 4.3 사건 진상 규명 및 희생자 명예회복 위원회, 『제주 4.3 사건 진상조사 보고서』, 537.
51 김평선, "서북청년단의 폭력 동기 분석: 제주 4.3 사건을 중심으로", 294.
52 같은 책, 303-304.

집하자, 두 사람이 멱살잡이까지 하는 사태가 벌어졌다. 다음 날 김익렬 중장은 해임되었고, 후임으로 박진경 중령이 취임했다. 그는 취임사에서 "우리나라의 독립을 방해하는 제주도 폭동 사건을 진압하기 위해서는 제주도민 30만을 희생시키더라도 무방하다"고 선언했다.[53] 박진경은 취임 후 27일간 초토화 작전을 전개한 공로로 대령으로 승진했지만, 그의 도민 학살에 불만이 많았던 부하들에 의해 암살되고 말았다.

한경직과 영락교회

한경직 목사는 오산학교와 숭실대학교를 졸업하고 미국 프린스턴 신학교에서 유학했으며, 귀국 후 1933년부터 신의주 제2교회에서 담임목사로 목회했고, 해방 직후엔 신의주 제1교회 윤하영 목사와 함께 '기독교사회민주당'을 조직했다. 하지만 소련 군정의 압박을 견디지 못하고 1945년 9월에 월남했으며, 같은 해 12월 2일 영락정의 천리교 경성제일교회 자리에 '베다니 전도교회'를 개척했다. 두 달 후인 1946년 2월 10일, 베다니 청년회가 조직되었는데, 조직 당시 이미 회원 수가 229명이었고, 1년 후엔 500명을 넘었다.

'영락교회 청년회'와 '영락교회 대학생회', 그리고 '기독교청년면려회 서북연합회'는 월남 기독교인들 가운데 단연 반공운동의 선봉에 섰다. 특히, 이 조직들에 속한 인물들이 조민당, 서청과도 긴밀히 연결된 경우가 많았는데, 재건 서청의 부위원

---

53 김용옥, 『우린 너무 몰랐다』, 237.

장 홍성준이 대표적인 예다. 그는 조민당 청소년부장으로 활동하면서 영락교회에 다녔다. 이처럼, 해방 직후 남한의 최대 교회였던 영락교회는 서북 출신 청년들의 총집결지였다. 그리고 이들에 끼친 한경직 목사의 영향력은 거의 절대적이었다.

한 목사는 진리 수호, 민족 교화, 사회봉사를 교회의 본질적 사명으로 설정했으며, 동시에 설교를 통해 강력한 반공주의와 기독교에 기초한 교회와 국가 건설을 강력히 촉구했다. 공산주의자들은 "이중인격을 가져라(거짓말하라), 다른 계급은 모조리 숙청하라(강탈, 강도를 감행하라), 무자비한 투쟁을 하라(테러, 살인, 방화, 무엇이나 좋다)"고 선동한다고 주장하면서,[54] "저들의 말 그대로 공산주의야말로 일대 괴물입니다. 이 괴물이 지금은 3천리 강산에 횡행하며 삼킬 자를 찾습니다. 이 괴물을 벨 자가 누구입니까?"라고 공산주의 척결을 부르짖은 것이다. 이런 한 목사의 정신과 설교의 영향하에, 영락교회 청년회는 "서청의 발족을 주도하고, 1946년의 반탁 운동, 1947년 2월 24일의 기독교민주동맹 결성대회장 습격, 1948-1949년의 제주 항쟁 평정 등 '반공건국, 멸공건국, 승공건국'을 위한 활동에 앞장섰던 것이다."[55]

서북청년단과 영락교회의 밀접한 관계는 '한경직 목사와의 대화'에서도 확인할 수 있다. 한 목사가 직접 영락교회 청년들과 서북청년단의 관계를 언급했기 때문이다.

---

[54] 한경직, "건국과 기독교", 『한경직 목사 설교전집』 제1권 (서울: 한경직기념사업회, 2009), 83-87.
[55] 양봉철, "제주 4.3과 서북기독교", 226.

그때 공산들이 이남에 많지 않았시오?… 아 그래서 우리 교회 청년들이 열렬한 반공 청년들이라 가서 쳐부수고 해산시켰거든. 지금은 그 청년들이 다 장로 됐수다. 그러니까 공산당들이 자꾸 대립을 하고 그러니까니 그런 설교도 하고 대립을 했시오. 또 그때 신탁통치 문제가 나오지 않았시오? 그때로 우리 영락교회를 중심으로 적극 반대도 하고 그랬지요.… 그대럿 청년들이 막 싸웠시오. 나는 절대 반대니까 아예 타협을 안 했시오. 그때는 공산당이 많아서 지방도 혼란하지 않았갔시오. 그때 '서북청년회'라고 우리 영락교회 청년들이 중심되어 조직을 했시오. 그 청년들이 제주도 반란 사건을 평정하기도 하고 그랬시오. 그러니까 우리 영락교회 청년들이 미움도 많이 사게 됐지요.[56]

이처럼, 서북청년단으로 대표되는 4.3과 개신교 간의 부정적 관계 배후에는 한경직 목사와 영락교회가 존재한다. 한경직 목사 없이 영락교회 청년회는 존재할 수 없었고, 영락교회 청년부를 제외한 채 서북청년단을 말할 수 없다. 이들은 반공주의와 기독교라는 공통분모를 공유하면서, 제주도에서 발생한 공산주의자들의 폭동을 투철한 사명감으로 진압했다. 붉은 용을 제거하는 거룩한 전쟁에 십자군으로 참여했다고 확신하면서 말이다.

---

[56] 김병희 편저, 『한경직 목사』 (서울: 규장문화사, 1982), 54-56.

극우주의의 탄생: 제주 4.3 사건

서북청년단

서북청년회(서청)는 1946년 11월 30일 종로 YMCA에서 영락교회 청년회를 중심으로 창설되었으며, 1948년 12월 8일 대한청년단과 통합했다. 서청은 가장 대표적인 극우 반공 청년단체로서, 좌익 타도에 앞장선 "정부 대신 손에 피를 묻혀 주는 우파 민병대"였다.[57] 1947년 제주도 3.1 시위 사건 직후, 서청 회원 7명이 제주도에 최초로 입도했고, 같은 해 11월 2일 제주도 본부가 설치되었다. 이후, 1948년 4.3 발발 전까지 500-700명의 서청단원들이 제주도에 들어와서, 안아무인의 폭력과 횡포를 자행하여 주민들의 원성을 샀다.

> 서청단원들은 못된 짓을 많이 했다. 주민들을 모아 놓고 서로 뺨 때리기를 시키기도 했다. 할아버지와 손자 간에도 뺨 때리기를 강요했다. 세게 때리지 않으면 달려들어 죽도록 팼다. 돈을 모아 가든가, 소를 끌고 가야 그 짓이 끝났다. 주정공장 창고 부근에는 부녀자와 처녀들의 비명 소리가 끊이지 않았다.[58]

서청의 이런 만행은 당시 국방장관 신성모가 1949년, "서북청년회원 등 육지의 사람들이 경찰, 상인, 관리 등이 되어 도민을

---

[57] 김관후, "경찰복과 군복, 빨갱이 사냥의 합법성", 제주의 소리 인터넷 기사, https://www.jejusori.net/news/articleView.html?idxno=145803.
[58] 같은 글.

괴롭혔기 때문에 4.3 폭동이 난줄 안다"라는 언급을 통해 입증되었다.[59] 4.3 직후 500명, 1948년 말에 1,000명이 경찰과 군대에 투입되었다. 이승만의 계획[60]과 조병옥의 요청[61]에 의해 이루어진 일이다. 특히, 1948년 12월 29일에 9연대와 교체된 2연대 3대대는 오직 서청 대원들로만 구성되었다. 그런데 이들이 진압 작전 중 무고한 주민들을 잔혹하게 학살했다. 대표적인 예가 '북촌 사건'이다.

1월 17일에는 해안 마을인 조천면 북촌리에서 가장 비극적인 세칭 '북촌 사건'이 벌어졌다. 이날 아침에 세화 주둔 제2연대 3대대의 중대 일부 병력이 대대본부가 있던 함덕으로 가던 도중에 북촌 마을 어귀 고갯길에서 무장대의 기습을 받아 2명의 군인이 숨졌다. 그러자 흥분한 군인들이 북촌리를 불태우고 주민 300여 명을 집단 총살한 것이다. 또한 군인들은 살아남은 주민들 중 함덕리로 소개해 간 북촌리 주민 100여 명을 또다시 총살했다. 그런데 이 사건과 관련, 당시 경찰로서 대대장 차량 운전수로 차출됐던 김병석은 놀랄 만한 증언을 했다. 김병석은 "이미 집들을 다 불태

---

[59] 김관후, "경찰복과 군복, 빨갱이 사냥의 합법성."
[60] "이승만 대통령은 내무부장관과 합의하여 서북청년회 단원들을 남한 전역에 파견할 계획을 세웠다. 서청을 군에 6,500명, 경찰에 1,700명가량 공급한다는 계획이었다"(『제주 4.3 사건 진상조사 보고서』).
[61] 조병옥은 서청 간부 문봉제에게 서청단원들의 제주도 파견을 요청했다.

극우주의의 탄생: 제주 4.3 사건

워 버린 상태에서 그들을 수용할 대책이 없어 죽였으며, 군인 개개인에게 총살의 경험을 주기 위해 박격포 대신 총을 사용했다"고 증언했다.[62]

서청이 제주도에서 철수한 것은 1949년 5월 15일이다. 미군사고문단장 로버츠 준장은 2연대 3대대와 경찰 소속의 서북청년단원들도 본토로 귀국시켰다. 초토화 작전으로 무장대가 괴멸되고 사태가 안정되었음에도, 서청이 계속 문제를 일으켜 상황을 악화시키자 내린 결정이었다. 그런 후에야 비로소 "유혈 참극의 사태는 어느 정도 진정됐다."[63] 하지만 서청이 남긴 상처는 너무 깊고 아팠다. 제주도의 개신교 선교를 연구한 고민희의 서술처럼, "제주 사람들은 그들을 '서청놈'이라 부르며 치를 떨었다. 그런데 이 서북청년단의 구성원이 대다수 개신교인이기 때문에 그러한 비난이 개신교로 이어졌다."[64]

왜 기독교는 학살의 주역이 되었나?

4.3의 학살 주범으로 서북청년단이 지목되고, 이들의 폭력을 자극하고 동원하며 보장한 개신교 배후 세력의 존재도 널리 알

---

[62] 제주 4.3 사건 진상 규명 및 희생자 명예회복 위원회, 『제주 4.3 사건 진상조사 보고서』, 314.
[63] 같은 책, 327-330.
[64] 고민희, "제주 기독교의 선교 양태에 관한 비교 연구", 106.

려졌다. 그렇다면 서북청년단은 왜 그렇게 폭력과 학살의 주범이 되었을까? 김평선은 그의 논문 "서북청년단의 폭력 동기 분석: 제주 4.3을 중심으로"에서 폭력 요인을 정리했다.

> 첫째, 해방 후 소련 점령 지역의 공산화 또는 그 과정의 토지 개혁 등에 대한 반발로서 서북청년단이 결성되었으며, 이들의 폭력이 공산화 또는 공산주의 이데올로기에 기인한다.
> 둘째, 서북청년단의 폭력은 좌파 세력의 정치적, 경제적, 사회적 성장에 따른 반발에서 초래되었다.
> 셋째, 서북청년단의 극단적 행위는 실업, 경기 침체 등 경제적 요인에서 비롯되었다.
> 넷째, 서북청년단의 폭력은 현상 유지의 동기가 있었다.
> 다섯째, 서북청년단의 폭력에 이데올로기적 요인이 작용하였다.
> 여섯째, 진압 작전의 군사 전략적 요인이 서북청년단의 폭력에 작용하였다.[65]

해방 후 북한이 소련 군정 치하에 들어가고 공산당의 영향력이 확대되면서, 서북 개신교인들이 기존의 지위와 영향력을 상실했다. 특히, 친일파의 선거권 박탈, 토지 개혁과 산업 국유화

---

[65] 김평선, "서북청년단의 폭력 동기 분석: 제주 4.3 사건을 중심으로", 265-266.

극우주의의 탄생: 제주 4.3 사건

로 인한 재산 상실, 노동자 농민의 교육 기회 확대를 통한 사회적 신분 향상, 공산당과의 주도권 싸움에서 패배 등이 이들에게 심각한 위협으로 작용했다. 이런 상황에서 북한의 개신교인 20만 명 중 6-7만 명이 1946년 이후 월남한 것으로 추정된다.

이들이 월남했을 때 남한은 정치, 경제, 사회 면에서 극심한 혼란과 위기에 처해 있었다. 무엇보다 건국준비위원회, 인민위원회, 인민공화국으로 변모하면서 좌파의 영향력이 크게 확장되었다. 미군정은 이들을 미국의 적대 세력으로 간주하여 차별, 배제, 탄압함으로써 우파 세력이 정치적 힘을 확보했다. 여기에 월남민과 해외 동포들의 귀국, 미군정의 경제 정책 실패 등이 결합하여, 서북 출신들의 경제적 상황이 매우 열악했다. "1947년을 기준으로 볼 때, 조사 대상 월남민들(127,663명) 중 68,248명이 실업 상태에 처해 있었다."[66] 이런 분위기가 이북5도 청년 단체들이 서북청년단으로 통합되는 데 영향을 끼쳤다.

특히 서북청년단은 "식민시기 경찰과 군인, 조선민주당의 지도부, 이북 출신 기업인 등과의 사회적 관계, 미군정의 경찰, 한민당 정치인, 부일 기업인들과의 관계를 통해 조직의 활성화를 꾀하면서 월남민에게 숙식을 제공하는 등 월남민을 조직적으로 충원하였다."[67] 이처럼, 서북청년단의 설립에 영향을 끼친 우파 세력은 정치적, 경제적 이해를 공유하고 있었기에, 친

---

[66] 김평선, "서북청년단의 폭력 동기 분석: 제주 4.3 사건을 중심으로", 286.
[67] 같은 책, 289.

일파 척결과 토지 개혁, 신탁 찬성과 단정 수립 반대를 외치는 좌파 세력의 확대에 큰 부담과 위협을 느꼈다. 서북청년단은 이들의 이념과 인맥을 공유했다.

뿐만 아니라, 종교적 요인도 간과할 수 없다. 잘 알려진 것처럼, 서북청년회는 영락교회에서 창립되었고, 영락교회 청년들이 다수 참여했다. 당시 영락교회와 한경직 목사는 월남 개신교인들의 정착과 교회 재건에 거의 절대적인 영향력을 행사하고 있었다. 따라서 한경직 목사가 서북청년단에 끼친 종교적, 이념적 영향력은 상당했다. 그런데 한경직 목사는 공산주의를 자신의 "제일의 적", "생명을 걸고 싸워야 할 괴물", "반드시 멸망시켜야 할 대적"이라고 선언했으며,[68] "이 괴물이 지금 3천리 강산에 횡행하며 삼킬 자를 찾습니다. 이 괴물을 벨 자가 누구입니까? 이 사상이야말로 계시록에 있는 붉은 용입니다. 이 용을 멸할 자가 누구입니까?"라고 설교했다.[69] 이런 한 목사의 사상과 설교가 영락교회 청년들과 서북청년단에게 영향을 끼쳤음에 틀림없다.

결국, 이런 다양한 요인이 결합하여 서북청년단을 극단적인 반공 테러 집단으로 성장시켰다. 『순이삼촌』에서 서청 출신 고모부는 서청의 본질을 이렇게 서술했다. "서청이 와 부모형제들 니북에 놔둔 채 월남해 왔가서? 하도 빨갱이 등쌀에 못

---

[68] 한경직목사기념사업회, 『한경직 목사 성역 50년』 (서울: 영락교회, 1986), 80.
[69] 한경직, "기독교와 공산주의", 『한경직 목사 설교전집』 제1권, 149. 양봉철, "제주 4.3과 서북기독교", 225-226에서 재인용.

극우주의의 탄생: 제주 4.3 사건

니겨서 삼팔선을 넘은 거이야. 우린 빨갱이라문 무조건 이를 갈았디. 서청의 존재 이유는 앳세 반공이 아니가서."[70] 극우 논객 이도형도 서청과 반공의 관계를 직설적으로 지적했다. "서청은 맨주먹으로, 때로는 각목으로 공산당과 싸웠다. 누가 시킨 건 아니지만, 부르는 곳은 많았다. 그중에서도 제일 큰 역할을 한 곳은 아마도 제주 4.3 폭동이었을 것이다."[71] 역사학자 박명림의 글에 근거해서, 양봉철도 서청의 폭력과 반공주의 간의 관계를 다음과 같이 정리했다.

> 따라서 박명림의 지적처럼, 제주도에 대한 이러한 인식 때문에 육지 출신의 토벌 세력은 제주인을 '같은 피가 흐르는 동족'이라는 개념으로 바라보지 못했을 것이다. 그들에게 제주도 주민은 공산주의에 물든 '섬 것들', 즉 '빨갱이'일 뿐이었다. 같은 민족 구성원으로서의 동질감을 갖지 못하였기 때문에 서청은 제주도에서 더욱 야만적인 행태를 보이는 한 계기가 되었을 것이다.[72]

냉전과 한국 개신교의 비극적 관계

그렇다면 제주 4.3과 개신교의 관계를 어떻게 이해하고 정리

---

70 현기영, 『순이삼촌』, 80.
71 이도형, "서북청년회가 겪은 건국과 6.25", 31.
72 양봉철, "제주 4.3과 서북기독교", 251.

해야 할까? 지금까지 설명하고 분석한 내용을 토대로 다음과 같이 그 관계를 설명할 수 있을 것이다. 먼저, 제주 4.3 사건과 개신교의 관계는 이념적, 경제적, 종교적 이해관계 면에서 우익 정부와의 배타적 유착 관계 속에서 형성된 것이다. 곧, 친일 청산, 토지 개혁, 이념 차이 등의 이유로 월남한 개신교인들을 중심으로 서북청년회가 조직되었다. 동시에 남한을 반공, 자유 민주주의, 자본주의, 친기독교 국가로 건설하려는 정부(미군정과 제1공화국)의 기획과 지원 속에서, 서북청년단이 토벌이란 명분하에 제주도민들을 향해 거의 무제한적 폭력을 휘두를 수 있었다. 이런 의미에서 제주 4.3 사건의 주범으로 지목되는 서북청년회는 냉전과 국가 건설 과정에서 벌어진 이데올로기 갈등의 비극적 산물이자 어떤 의미에선 희생물이다.

둘째, 제주 4.3 사건과 개신교의 상관관계의 직접적 연결 고리는 서북청년단이다. 서북청년단의 주요 구성원, 조직의 직접적 후원 세력, 이 단체의 반공주의 형성의 종교적 배경 등을 고려할 때, 이 단체와 개신교의 관계를 부정할 수 없다. 그리고 제주 4.3 사건을 촉발한 여러 원인 중, 서청의 과도한 폭력과 횡포가 있었으며, 무장대와의 전투뿐 아니라, 중산간 지역을 대상으로 한 초토화 작전, 그리고 한국 전쟁 발발 후 예비 검속 등에 의한 불법적 주민 학살에 서청단원들의 무자비한 행적이 수많은 증언과 조사 결과로 드러났다.

셋째, 제주 4.3 사건의 죄를 오직 서북청년단에게 돌리는 것은 부당하다. 4.3은 서청만의 단독 범행이 아니었기 때문이다. 서청을 괴물로 키우고 사용한 것은 기독교 국가 미국을 대표한 미군정, 개신교인 대통령 이승만, 개신교인 경무국장 조병옥, 개신교 정당 조선민주당, 그리고 영락교회 담임목사 한경직이었기 때문이다. 이들의 후원과 보호, 압력과 선동이 없었다면 서청은 존재할 수도, 반공의 기수로 활동할 수도 없었다. 그런 의미에서 서청의 잔인한 폭력으로 상징되는 4.3은 한국에서 개신교가 연루된 최대의 범죄 기록이다.

넷째, 제주 4.3 사건을 통해 개신교의 신앙이 반공주의와 폭력에 감염되고 말았다. 원한과 이념이 신앙과 복음을 압도하면서, 희생과 생명의 상징인 십자가가 폭력과 죽음의 도구로 남용되고 말았다. 구원과 하나님 나라를 위해 모이던 교회가 투쟁과 반공국가 건설의 결사체로 변질되었다. 사랑으로 악을 이기고, 용서로 악의 고리를 끊어야 한다는 성경적 진리가 "폭력에는 폭력으로", "이 괴물을 벨 자가 누구입니까?"라는 선동적 구호 앞에 무릎을 꿇고 말았다. 이후, 한국 개신교는 특정 이데올로기를 배타적으로 추종하며 국가 권력과 유착된 국가 종교로 전락했다.

다섯째, 개신교는 이제 제주 4.3 사건을 보다 정직하고 용기 있게 직면해야 한다. 지금도 4.3을 둘러싼 논쟁과 갈등은 끝나지 않았다. 하지만 분명한 것은 시대와 환경이 변했고, 감추었던 역사적 실체가 만천하에 드러났다. 더 이상 감출 수 없고 궤변으로 진실을 왜곡할 수도 없다. 물론, 한국 개신교도 변명의 여지가 없는 것은 아니다. 해방 후 동족이 이념적 차이로 서로에게 저주와 폭력을 퍼붓던 시절에 월남 청년 개신교인들과 그들 배후의 개신교 세력들이 객관적 중립을 유지하는 것은 현실적으로 불가능했기 때문이다. 하지만 이제는 진실에 대한 외면이나 변명 대신, 역사적 진실에 대한 정직한 인식이 강조되어야 한다.

한국 개신교는 70년 이상 축적된 뼈저린 고통을 치유하고 뿌리 깊은 원한을 풀어 주는 '거룩한 치유자divine healers'의 사명을 감당해야 한다. 이는 개신교가 이념의 탈을 벗으면서 시작할 수 있다. 냉전과 분단의 씨줄과 원한과 분노의 날줄로 제작된 반공의 탈이 개신교의 본래 얼굴을 가려 왔기 때문이다. 또한 이것은 개신교가 과거의 죄를 정직하게 인식하고 겸손히 회개함으로써 보다 구체화될 수 있다. 폭력과 전쟁을 선동하는 정치적 구호 앞에서 개신교의 이성과 양심이 잠시 마비되었기 때문이다. 그리고 개신교는 제주 4.3 사건의 진상 규명과 희생자 명예회복(보상과 치유)을 위해 끝까지 협력해야 한다. 그래야 원한의 악순환을 끊어 내고, 샬롬의 세상을 꿈꿀 수 있기 때문이다.

극우주의의 탄생: 제주 4.3 사건

3장

극우주의의 발전: 대통령 선거

한국의 대통령들만큼 위험하고 불행한 정치인들도 세상에 그리 많지 않을 것이다. 또한 그들이 써 내려간 역사처럼, 우울한 비극의 기록도 그리 흔치 않을 것이다. 종신 대통령을 꿈꾸었던 초대 대통령 이승만은 시민 혁명으로 불명예 퇴진하여 망명지에서 쓸쓸히 생을 마감했다. 군사정변으로 정권을 탈취하고 또다시 영구 집권을 추구했던 박정희는 아끼던 수하의 총탄에 쓰러졌다. 뒤를 이은 두 명의 군인 출신 대통령들(전두환과 노태우)은 퇴임 후 나란히 감옥에 갔다. 노무현은 퇴임 후 검찰의 강압 수사 속에 스스로 목숨을 끊었으며, 이명박, 박근혜 두 전직 대통령들도 감옥살이를 마쳤다. 이런 비극적 사실에도 불구하고, 청와대의 주인이 되기 위해 이전투구마저 불사하는 사람들이 끊이지 않는다.

한편, 대한민국의 탄생과 함께 대통령 선거가 시작되면서, 남한을 중심으로 재구성된 개신교도 그 혼돈의 역사와 영욕을 함께했다. 분단과 냉전, 혁명과 유신, 산업화와 민주화의 변증법적 진화 속에서 이 땅의 개신교인들은 생존과 지배, 이념과 복음, 국민과 신자 사이에서 힘겨운 진자 운동을 반복했다. 때로는 대선을 통해 대통령을 만들기도 했고, 때로는 대선에서 대통령과 대립하기도 했다. 이 롤러코스터 같은 이야기는 지금도 진행 중이다. 상승 곡선과 하강 곡선을 무한 반복하면서 말이다. 한국 개신교는 자신의 극우적 특성을 강화하고 표출해 왔다.

3장

역사

1948-1960년

대통령 선거와 개신교의 인연은 1952년 제2대 정·부통령 선거와 함께 시작되었다. 1948년 5월 10일 총선으로 구성된 제헌국회에서 이승만을 제1대 대통령으로 선출(7월 20일)했기 때문에, 개신교 차원에서 선거에 개입하거나 대응할 기회가 없었다. 하지만 의장 이승만은 국회 개회식에서 종로 갑구에서 당선된 이윤영 목사에게 개회 기도를 요청했고, 정부 수립일(8월 15일)에 대통령에 취임하면서 선서를 기도로 대신했다. 이때부터, 제1공화국의 국가 의전은 기독교식으로 진행되었고, 이런 변화된 현실이 기독교인들에게 큰 감동을 주었다. 김흥수의 평가처럼, 이런 이승만의 행보는 "제2대 대통령 선거에서 교회가 그를 지지하는 한 요인으로 작용하였다."[1]

1950년 5월 30일에 치러진 제2대 국회의원 선거는 이승만에게 치명적이었으나, 한국 전쟁의 발발로 기사회생했다. 결국, 전쟁 기간 동안 부산 정치 파동과 사사오입 개헌 등을 통해 대통령 직선제와 내각 책임제를 절충한 개헌안이 통과되었다. 개신교는 1952년 대통령 선거를 "기독교 대 반 기독교의 엄숙한 결전"으로 파악하고, "한국의 정치 자체를 기독교인이 장악하여 기독교화해야 한다"고 생각했다.[2] 이런 의식 속에서, 개

---

1 김흥수, "한국 기독교 현실정치 참여의 역사와 유형", 신학사상 제78집, 614.
2 임희국, "제1공화국시대(1948-1960) 장로교회의 정치참여, 이와 관

극우주의의 발전: 대통령 선거

신교는 이승만 당선을 위해 전력을 다했다. 대표적인 개신교 신문「기독공보」는 7월 4일자 '사설'에서 "우리 대통령은 독재가 아니요 신앙자이다. 매일 아침 5시에 예배드리고 감옥전도제도, 종군전도제, 국기주목례를 제정하야 전도의 길을 열어준 신앙자다. 우리 대통령은 한 가지 일에만 독재자다. 공산당 토벌을 독재라고 말한 것은 적당한 설명이다"라고 이승만을 옹호했다. 한국기독교연합회(회장 전필순)는 7월 26일 주요 교단들로 '기독교선거대책위원회'를 결성하고, 만장일치로 이승만을 대통령으로 추대했다. 또한 선거 운동을 돕기 위해 조직(도위원회, 군위원회, 교회위원회)을 구성하고, 선거 전날인 8월 3일 주일에 전국 교회가 이승만의 당선을 위해 기도하도록 했다. 최종고의 평가처럼, 이런 상황에서 "교회가 선거 운동을 할 수 있느냐, 정치와 종교가 상호 한계를 지켜야 하지 않느냐 하는 정교 관계에 대한 원칙적인 문제는 생각할 겨를이 없었다."[3]

1956년에 임기가 만료되는 이승만은 종신 독재를 꿈꾸며 다시 한번 헌법을 개정했다. 결국, '초대 대통령에 한하여 중임 제한을 폐지하고 대통령 궐위 시 부통령이 승계한다'는 내용의 개헌안이 1954년 11월 27일 통과되었다. 소위 '사사오입 개헌'이다. 이승만의 무리수는 결국 안팎에서 강력한 저항과 반발을 초래했다. 이승만 반대 세력이 결집하여 1955년 9월에 민주당이 창당된 것이 대표적인 예다. 이런 상황에서 1956년 5월

련된 한경직 목사의 설교", 장신논단 Vol. 44 No. 2, 22.
3 최종고,『국가와 종교』(서울: 현대사상사, 1983), 196.

15일 치러진 정·부통령 선거에서 개신교는 종전과 다른 모습을 보이기 시작했다. 「기독공보」는 "입후보자들 가운데 혹은 선거 운동자들이 교회를 이용하려는 경향에 대하여 헌법상의 정교 분리에 근거해서 '교회가 정치 단체가 아니라'는 한계를 밝혀야 할 것이 요청되고 있다"고 언급했으며, 이승만과 이기붕을 정·부통령으로 추천한 '정부통령선거추진기독교중앙위원회'(위원장 전필순, 사무장 김종대)는 이 위원회가 개인 자격으로 만든 단체라고 명확히 선을 그었다. 이런 상황을 검토하면서, 김흥수는 "이 시기에 형성된 목회자의 정계 진출에 대한 거부감과 교회의 선거 운동에 대한 경계 여론은 그 후 교회 또는 교회 단체의 특정 후보 지지 운동을 크게 약화시키는 요인으로 작용하였다"고 설명했다.[4]

1960년 3월 15일 실시된 제4대 정·부통령 선거는 역사상 최악의 부정 선거였다. 결국 이승만 독재가 4.19 혁명으로 붕괴되었다. 이미 이승만 정권의 부패와 한계를 감지한 개신교인들이 지난 대선부터 이승만 정부와 일정한 거리를 유지하고 있었다. 하지만 이번 선거에서도 그런 흐름을 파악하지 못한 개신교 인사들도 존재했다. 개신교인들이 주축이 된 '자유당정부통령선거중앙대책위원회'는 2월 19일 「기독공보」에 "대통령에 리승만 박사를 부통령에 리기붕 선생을"이란 광고를 실었다. "교회의 발전과 교우들의 신앙생활의 안정에 중대한 영향을 줄" 정·부통령 선거에서 "기독교 정신을 정치에 반영시킬

---

[4] 김흥수, "한국 기독교 현실정치 참여의 역사와 유형", 620.

극우주의의 발전: 대통령 선거

수 있는 인물"로 이승만과 이기붕을 추천한 것이다. 이것은 여전히 "정치의 종교 이용 관습을 버리지 못"한 시대착오적 행태였다. 반면, 제1공화국을 붕괴시킨 4.19 혁명은 정교 유착의 덫에 걸려 있던 개신교에게 뼈아픈 경험이었다. 1년 후에 발표된 글에서 김재준은 4.19를 통한 개신교의 각성을 보여 주었다.

> 4.19 혁명은 암운을 뚫고 터진 눈부신 섬광이었다. 그 윤리적 높은 행위가 일반의 양심의 자화상을 소출시켰다. 교회도 이 섬광에서 갑자기 스스로의 모습을 보았다.… 국가를 절대화하려는 독재 경향이 익어 감에도 불구하고 교회가 이에 교회로서의 경고를 제대로 발언하지 못했다는 것, 교회가 덧없이 집권자의 일치 의식에 자위소를 설치했다는 것, 교회가 대 건설 사업에 활발하지 못했다는 것 등이 원칙적으로 반성될 수 있을 것이다.[5]

1961-1980년

1961년 5월 16일에 발생한 군사정변으로 제3공화국이 탄생했다. 이로써 4.19 혁명으로 타오르기 시작했던 민주화와 통일의 열망이 한순간에 허물어졌다. 하지만 당시의 혼란스러운 정국과 냉전의 위기 속에서 한국 교회도 대체로 5.16 군사정변을 수용하는 분위기였다. 한국기독교교회협의회마저 "5.16 군사혁명은 조국을 공산 침략에서 구출하고 부정과 부패로 기울어

---

[5] 김재준, "4.19 이후의 한국교회", 기독교사상 1961년 5월호, 43.

져 가는 조국을 재건하기 위한 부득이한 처사"라고 지지 성명을 발표했을 정도로 말이다. 비록, 박정희가 기독교인이 아니고 정권을 불법적으로 장악했음에도 이후 개신교와 제3공화국은 반공을 매개로 상생과 협력의 관계를 유지했다.

1969년, 박정희는 정권을 연장하기 위해 헌법을 개정하려 했다. 대통령의 연임 금지 조항을 삭제하고 3선 연임을 허용하도록 개헌을 추진한 것이다. 이에 대한 개신교의 반응은 양분되었다. 먼저, 김재준, 박형규, 함석헌 등이 '3선 개헌 반대 범국민투쟁위원회'에 참여했다. 그러자 김윤찬, 박형룡, 조용기, 김준곤, 김장환 등 보수적 목회자 242명이 '개헌 문제와 양심 자유선언'을 발표하여 진보 진영의 정치 참여를 반대하고, "날마다 그 나라의 수반인 대통령과 영도자를 위해 기도하여야 하는 것이 기독교적인 태도"라고 주장했다. 다음 날 '대한기독교연합회'(DCC)는 '개헌에 대한 우리의 소신'을 발표하여 3선 개헌을 공개적으로 지지했다. 이 사건을 통해, 한국 교회가 보수와 진보로 분열되기 시작했다.[6] 결국 이런 혼란 속에서 박정희는 부정 선거와 국회에서 변칙 통과를 통해 개헌에 성공했다.

1971년 4월 27일 치러진 제7대 대통령 선거에서 박정희는 민주공화당 후보로 또다시 출마했다. 그러자 '3선 개헌' 저지에 실패하여 낙심하고 있던 각계각층의 민주화 인사들이 1971년을 '민주 수호의 해'로 정했다. 1967년 6.8 총선에서 극심한

---

[6] 조성수, "한국에서의 교회와 국가와의 관계에 관한 연구: 교회사적 측면에서 본 연구", 연세대학교 대학원 박사학위논문, 297-298.

극우주의의 발전: 대통령 선거

부정 선거를 경험했기에, 4월 27일 대통령 선거에서 공명선거를 통해 박정희의 장기 집권을 저지하기로 했다. 이를 위해, "각계각층의 지식인 원로들과 4.19 및 6.3 세대 청년, 학생들, 기독교계"가 모여 4월 19일에 '민주수호국민협의회'를 조직했다. 4월 20일에는 기독교 학생 단체 대표들이 '민주수호기독청년협의회'를 결성했다. 이 두 단체는 '민주수호청년협의회' 및 '민주수호전국청년학생연맹'과 함께 선거 당일에 6,319명의 선거 참관인단을 전국으로 파견하여 선거를 감시했다. "이제 교회는 교회 청년들과 소장 목회자들을 중심으로 특정 후보를 지지하는 대신 공명선거 운동을 전개하면서 선거 참관에 나섰다."**7**

박정희의 죽음(1979.10.26), 서울의 봄(1979.10.26-1980.5.17), 광주민주화운동(1980. 5.18-27)을 거치면서 전두환이 주축이 된 신군부가 등장했다. 1961년 4.19 혁명이 5.16 군사정변으로 이어졌던 불행한 역사가 다시 한번 반복된 것이다. 전두환은 5월 27일 '국가보위비상대책위원회'를 조직하고 상임위원장이 되어 정권을 장악했다. 비록 형식적으로 최규하가 여전히 제10대 대통령으로 존재했지만, 실권은 전두환에게 넘어간 것이다. 이런 상황에서 1980년 8월 6일, 서울 롯데호텔 에메랄드룸에서 '전두환 국가보위비상대책위원회 상임의장을 위한 조찬기도회'가 열렸다. 이날 행사는 KBS, MBC를 통해 생중계되었는데, 개신교의 대표 인사들이 대거 참석했다. 이 자리에서 성신경 목사는 "어려운 시기 막중한 직책을 맡아

---

7 김흥수, "한국 기독교 현실정치 참여의 역사와 유형", 624.

사회 구석구석까지 악을 제거하고 정화할 수 있게 해 주셔서 감사합니다"라고 기도했다. 8월 16일 최규하가 대통령직을 사임했다. 그리고 전두환이 9월 1일 장충체육관에서 진행된 간접 선거를 통해 스스로 제11대 대통령에 취임했다. 9월 30일, 개신교는 '전두환 대통령 당선 축하 조찬기도회'를 개최했다. 이 자리에는 개신교 대표자들을 포함하여 입법부, 사법부, 정치인 등 1,344명이 참석했다.**8** 이처럼, "한국 교회의 정교 유착은 12.12 쿠데타로 전두환 신군부가 집권하는 과정에서 다시 재현되었다."**9**

1987-2002년

1987년 '6월 민주 항쟁'의 결과로 대통령 직선제가 부활했다. 건국 이후, 최초의 민주 선거라고 평가할 수 있는 제13대 대통령 선거에서 노태우(불교), 김영삼(개신교), 김대중(천주교)이 치열한 경쟁을 벌였다. 이들의 종교가 모두 달라서, "빅3 종교의 대리전" 양상을 보였다.**10** 대선에서 노태우가 당선되었지만, 개신교 진영에선 장로라는 이유로 김영삼을 적극 지지했고, 김영삼도 개신교에 많은 공을 들였다. 예를 들어, 28개 교단과 서울 지역 2,500여 명의 목회자가 김영삼을 공개적으로 지지했으며, 부산, 인천, 대전 등지에서도 2,000여 명의 목회

---

8 백중현, 『대통령과 종교』(서울: 인물과 사상사, 2014), 115-116.
9 전명수, "한국 종교와 정치의 관계: 대통령 선거를 중심으로", 담론 201 통권 50호, 81.
10 백중현, 『대통령과 종교』, 145.

극우주의의 발전: 대통령 선거

자가 김영삼을 지지했다. 대구 경북 지역의 목사 417명도 김영삼 지지를 선언했다. 김영삼도 이런 분위기를 적극 활용하여, 유세를 다니는 곳마다 해당 지역에서 개최되는 기도회에 참여했다.

당시 일간지에 보도된 김영삼의 개신교 행보를 추려 보면, '개신교 20여 개 교단 대표인 총회장과 총무 등 오찬 모임', '부산 지역 교계 지도자 초청 조찬 기도회', '충청 지역 교회 지도자회 주최 김영삼 장로 환영 조찬 기도회', '28개 교단 목사와 장로 2000여 명 서울 지역 교계 지도자 국가와 민족을 위한 기도회' 등 전국적으로 나타나고 있다. 일간지에 보도되지 않은 모임까지 합치면 그 수는 더 늘어난다. 한 조찬 모임에는 이화여자대학교 음대 출신의 김영삼 둘째 딸이 나와 특별 찬송을 불러 참석자들에게 박수갈채를 받는 등 김영삼은 대선 기간 내내 개신교 정체성을 부각시켰다.[11]

1992년 12월 18일에 실시된 제14대 대통령 선거는 김영삼(민자당)과 김대중(민주당)의 양자 대결로 압축되었다. 선거 직전에 월간 「목회와 신학」이 서울 경기 지역의 평신도 845명을 대상으로 조사한 결과, 응답자들은 후보 지지 기준으로 '국가 경영 능력'(38.3%), '도덕성'(14.1%), '민주화 기여도'(12.8%)를

---

11 백중현, 『대통령과 종교』, 148.

꼽았다. 반면, 기독교인을 지지 기준으로 삼겠다고 응답한 사람은 7.1%에 불과했다.[12] 하지만 30여 년 만에 개신교 대통령을 기대할 수 있었던 개신교는 충현교회 장로인 김영삼을 적극적으로 지지했다. "개신교 '장로대통령을 만들자'라는 구호는 개신교인들의 마음을 파고들기 시작했다."[13] 특히, 김차생 장로의 '나라사랑협의회'(나사협)의 활동이 중요했다. 1987년에 조직된 나사협은 전국 170여 지역에 지역 본부를 두고, 선거 기간 중 '나라를 위한 기도회'를 통해 김영삼을 위한 선거 운동을 펼쳤다. 뿐만 아니라, 대표적인 개신교 목사들, 대형교회, 그리고 한기총이 김영삼의 일등공신들이었다.[14]

1997년 12월 18일, 제15대 대통령 선거가 있었다. 새정치국민회의 후보로 출마한 김대중이 이회창(한나라당)과 이인제(국민신당)를 누르고 대통령에 당선되었다. "이는 1961년 5.16 군사 쿠데타로 장면 내각이 실각한 이후 처음으로 민주당계 정당이 36년 만에 집권한 최초의 평화적인 민주적 정권 교체라

---

[12] 전명수, "한국 종교와 정치의 관계: 대통령 선거를 중심으로", 88.
[13] 백중현, 『대통령과 종교』, 166.
[14] 같은 책, 166-168. 대형교회와 한기총의 지원이 김영삼 당선에 상당한 영향을 끼쳤다는 사실을 부정하기 어렵다. 이것은 그동안 개신교의 교세가 크게 성장하면서 정치적으로도 무시할 수 없는 세력이 되었기 때문이다. "교세 면에서 보자면, 자체 추산 개신교인 1000만 명 시대에 들어섰다.… 1960-70년대 300만 명, 1977년 500만 명과 비교하면 폭발적인 성장세였다. 교회 수 역시 늘었다. 1950년 3,114개였던 교회는 1990년대 들어 10배 이상 성장한 35,189개로 조사되었다"(같은 책, 169).

극우주의의 발전: 대통령 선거

는 역사적 의의가 있다."[15] 하지만 오랫동안 좌파 정치인이라는 낙인이 찍혀 있었기 때문에, 보수적인 개신교계는 김대중에 대한 불신이 깊었다. 하지만 이인제의 경선 불복으로 여권의 표가 분열되고, 김종필의 자민련이 협력하여 예상과 달리 김대중이 당선되었다. 개신교로서는 불만족스러운 결과였다. 게다가 김대중의 '국민의 정부'가 출범하면서 공중파 방송들이 대형교회 목사들의 비리를 다루었고, NCCK 계열의 진보 성향 인사들이 김대중 내각에 진출했다. 그리고 햇볕정책까지 추진했다. "이때부터 보수 개신교는 김대중 정부를 '좌파 정권'으로 규정하고 대정부 투쟁에 들어갔다."[16] 2002년 노무현이 제16대 대통령에 당선된 후, 상황은 더욱 악화되었다. 특히, 노무현이 사학법 개정과 국가보안법 폐지를 추진하자, 보수 개신교가 강력히 반발했다. 한기총과 뉴라이트가 중심이 된 반정부 시위가 꼬리를 물고 이어졌다. 조갑제를 중심으로 한 보수 언론도 개신교를 자극하고 힘을 보탰다. 김대중 정권 말기부터 노무현 정권 임기 말까지 18차례의 대규모 반정부 집회가 열렸다.[17] 보수 개신교인들에게 이 시기는 단지 '잃어버린 10년'일 뿐이었다.

2007-2012년

2007년 대통령 선거는 한나라당 후보 이명박이 역대 최다 득표로 당선된 선거였으며, 개신교의 정치적 역량이 총동원된 선

---

15 https://ko.wikipedia.org/wiki/대한민국_제15대_대통령_선거.
16 백중현, 『대통령과 종교』, 197.
17 같은 책, 198-199.

거였다. 김명배의 주장처럼, "2007년 12월 실시된 제17대 대통령 선거는 사실상 국민의 정부와 참여 정부로 이어진 민주 정부 10년의 역사를 심판하는 선거였다."[18] IMF 이후 지속적인 경제 침체로 참여 정부의 경제 정책에 대한 국민적 피로감이 짙어 가는 상황에서, '경제 대통령'을 자임하며 '경제 성장과 일자리 창출'을 슬로건으로 내세운 이명박이 끊임없이 제기되는 도덕적 약점에도 불구하고 대통령에 당선되었다. 특히, 소망교회 장로인 이명박이 출마하자, 개신교는 "장로 대통령 만들기"에 올인했다. 한기총, 뉴라이트, 대형교회가 일사분란하게 움직이며 선거판을 장악했다. 예를 들어, 대선을 목전에 둔 12월 6일, '북한 인권과 자유 평화를 위한 국내외 70인 목회자회', '한기총', '여전도회전국연합회'가 공동으로 서울교회에 모여 '한국 교회 지도자 금식기도대회'를 개최했다. 이 자리에서 이명박 후보 지지 분위기가 표출되었다. 또한, 대선을 앞두고 조직된 '한국미래포럼'(총재 김홍도 목사)은 발족식에서 "하나님을 잘 경외하는 장로님이 대통령이 되도록 하나님께서 역사해 주옵소서"라고 기도했다. 뉴라이트전국연합 상임의장이자 이명박 후보의 30년 지기인 김진홍 목사는 대선 기간 동안 가장 적극적으로 이명박의 선거 운동을 도왔다. 뉴라이트전국연합이 2007년 11월 소속 회원 17만 명의 이름으로 '한나라당 이명박 후보 지지 성명서'를 발표했던 것도 그런 도움의 한 예

---

18 김명배, "2000년대 대선과정을 통해 본 한국 교회", 기독교사상 2013년 12월호, 48.

극우주의의 발전: 대통령 선거

다.[19] 그 외에도, 김홍도, 전광훈, 오정현, 이수영, 이철신 같은 대형교회 목사들이 설교 등을 통해 직간접적으로 이명박을 지지했다.

이명박 자신도 이런 상황을 적극적으로 활용했다. 먼저, 그는 서울시장으로 재직하는 동안 외부의 우려와 비판에도 불구하고, 지속적으로 자신의 종교적 정체성을 강하게 부각시켰다. 그는 4년의 재임 기간 동안 50회가 넘는 개신교 행사에 참여하여, "축사 외에 강의, 발제, 간증, 기도, 봉헌사, 마라톤 참가 심지어 성경 봉독"까지 다양한 방식으로 교계에 얼굴을 비쳤다. 가장 유명한 예는 2004년 5월 30일 장충체육관에서 '서울의 부흥을 꿈꾸는 청년연합'이 주최한 '청년학생연합 기도회'에서 "서울의 회복과 부흥을 꿈꾸고 기도하는 서울 기독 청년들의 마음과 정성을 담아 수도 서울을 하나님께 봉헌합니다"라는 내용의 '서울을 하나님께 드리는 봉헌서'를 낭독한 것이다. 뿐만 아니라, 전국의 교회와 개신교 행사에 참석하여 "나는 서울시장이기 이전에 교회 장로"라고 자신의 종교적 정체성을 강하게 표출하여 '간증 정치'라는 신조어를 만들어 냈다. 겉으로는 신앙 체험을 소개하는 것 같지만, 사실상 정치 유세에 가까웠던 것이다. 심지어 그는 『기도하는 리더십』(2007)이라는 자신의 간증집을 출판하기도 했다.[20] 끝으로, 8월 21일 한나라당 대선 후보로 선출된 이명박은 첫 공식 일정으로 국립 묘지

---

19 배덕만, 『복음주의 리포트』(대전: 대장간, 2020), 359.
20 김지방, 『정치교회』(서울: 교양인, 2007), 240-248.

를 참배한 후 한기총을 방문했다. 공식 환영식 후 진행된 비공개 면담에서, 이명박은 "본선이 경선보다 더 어려울 것이다. 모두 힘을 합쳐야 한다. 기독교도 적극 도와 달라"고 요청했다고 한다.[21] 자신의 가장 강력한 지원군이 누구인지 정확히 알았던 것이다.

그렇지만 모든 개신교인이 이명박을 맹목적으로 지지한 것은 아니다. 먼저, 에큐메니컬 진영은 선거 감시 운동의 일환으로 2007년 11월 9일 '2007 기독교대선연대'(공동대표 이근복 목사 외 3인)를 발족시켰다. 발족식에서 보수 교계가 특정 정당, 특정 후보 편들기에 뛰어든 것에 대한 우려를 표명했다. 또한 '기윤실', '기독교청년아카데미', '목회자정의평화실천협의회', 'KSCF' 등 에큐메니컬 진영과 복음주의 진영이 연합한 '기독교사회포럼'도 발족되어, 대선에서 진보 진영의 진로를 모색했다.[22] 결국, 2007년 대선에서 이명박 후보가 압도적인 지지 속에 당선되었다. 경제 침체 속에 힘겨워하던 국민들이 후보의 도덕성보다 경제 회복을 선택했고, 개신교인들도 다르지 않았던 것이다. 김명배의 표현처럼 "한국 교회는 2007년 대선의 화두인 경제와 관련하여 '경제를 맘몬으로 보느냐, 예수의 관점으로 보느냐'하는 선택의 기로에서 맘몬을 선택하였다."[23]

2012년 대통령 선거에선 한나라당 박근혜 후보가 경쟁자인 문재인 후보를 누르고 제18대 대통령에 당선되었다. 종교와

---

[21] 백중현, 『대통령과 종교』, 244.
[22] 김명배, "2000년대 대선과정을 통해 본 한국 교회", 49.
[23] 같은 글, 49.

극우주의의 발전: 대통령 선거

관련해서, 불교계가 박근혜 후보를 적극적으로 지지한 반면, 개신교 진영은 상대적으로 중립적 입장을 유지하며 목소리를 낮추었다. 물론 한기총은 '신천지 관련설'과 '1억짜리 굿 사건' 등으로 곤경에 처한 박근혜 후보를 적극 변호하면서 그녀의 선거 운동을 지원했다. 특히 한기총 대표회장 홍재철 목사는 9월 10일 박근혜 후보에게 "여기에서 확보할 수 있는 표가 300만 표"라고 말하며 지지를 약속했고, '선진화시민행동' 상임대표 서경석 목사도 '종북좌파 척결'을 목표로 박 후보를 지지했다. 김홍도 목사도 12월 16일 주일 예배 설교에서 간접적으로 박근혜 후보를 지지했다. 하지만 개신교 보수 진영이 만든 '한국기독교공공정책위원회'(공동대표회장 이용규, 정성진 목사, 전용태 장로)는 2012년 대선에서 중도적인 입장을 취했다. 특정 후보에 대한 적극적 지지 대신, 기독교 공공 정책을 개발하고 제시하며, 이를 홍보하기 위해 기도회와 설명회 등에 집중했다.**24** 한편 중도 진영의 '복음주의 기독교연대'(공동대표 강경민, 백종국, 이문식)와 진보 진영의 '2012 생명평화기독교행동' 목회자들은 2012년 대선에서 야권 후보 단일화를 촉구했다.

성찰

대한민국이 탄생한 이후, 적지 않은 수의 대통령 선거가 있었

---

24 김명배, "2000년대 대선과정을 통해 본 한국 교회", 51.

다. 그 과정에서 개신교도 위험한 도박을 반복했다. 때로는 생존을 위해 특정 정당과 후보를 지지했으나, 때로는 이념과 신념에 따라 위험한 선택도 마다하지 않았다. 그런 우여곡절 끝에 대한민국이 틀을 갖추었고, 이 땅의 개신교도 나름의 정체성을 형성했다. 그렇다면 지금까지 대통령 선거를 치르면서, 개신교인들은 어떤 깨달음을 얻었을까? 대통령 선거와 개신교의 상관관계에 대한 다양한 평가와 주문을 살펴보자.

기존의 정치 참여 방식을 재고하라.
해방 이후 개신교와 선거의 관계를 분석한 김흥수는 그동안 개신교가 선거에 참여했던 방식을 전면적으로 재고해야 한다고 제안한다. 오랫동안 당연시했던 특정 후보를 지지하여 선거 운동에 참여했던 것, 성직자들이 정치에 직접 참여했던 것, 그리고 기독교 정당을 창당하여 선거에 참여했던 것이 과연 정치적, 신학적으로 정당한지 냉철하게 성찰하고 변화된 환경에서 보다 적합한 방식을 모색해야 한다는 것이다. 무비판적으로 구습을 고집하는 것은 대단히 위험하고 어리석은 일이다.

> 지금까지의 관찰에 근거해 볼 때, 교회의 기존 정치 참여 방식, 즉 특정 후보에 대한 선거 운동, 성직자의 직접적인 정치 활동, 기독교 정당 조직 등은 모두 다 신중한 검토와 재고를 요구하는 것들로 보인다. 이 방식들은 아직까지는 기독교인 대중으로부터 지지받기보다는 더 큰 반발에 부

딪치고 있기 때문이다.[25]

선거에 적극 참여하라.

일제의 억압과 해방 후의 경직된 사회에서, 대다수의 개신교인들은 정치 참여에 대해 매우 소극적 태도를 견지했다. 이제 독재도 막을 내리고 민주주의를 마음껏 실험할 기회가 도래했다. 하지만 과거의 부정적 영향이 계속 남아 있어 적극적, 책임적인 정치 참여에 걸림돌이 되고 있다. 따라서 정진우는 이제야말로 한국의 개신교회가 냉소주의에서 벗어나, 현실 정치에 다양한 방식으로 적극 참여해야 한다고 촉구한다. 만약 개신교가 이를 거부한다면, 한국 사회에 만연한 부정부패는 쉽게 근절되지 않을 것이다. 단호한 결단이 필요하다.

> 결국 교회가 정치에 냉소적이고 무관심하면 그만큼 현실 정치의 부패와 부정은 온존 강화되는 악순환이 반복될 수밖에 없을 것이다. 이는 교회가 부패한 정치권의 한 지형을 제공하는 결과를 초래하며 한국 사회의 올바른 변화 발전에 역행하는 낡은 세력에 동조하는 일이 될 것이다. 그러므로 우리는 이번 선거를 통해 교회가 바른 입장을 갖고 선거에 적극적으로 참여하여 바른 정치 형성과 사회 발전에 봉사할 수 있는 기회가 되도록 노력해야 할 것이다.[26]

---

[25] 김흥수, "한국 기독교 현실정치 참여의 역사와 유형", 628.
[26] 정진우, "16대 대선, 교회는 무엇을 할 것인가", 기독교사상 2002년 12월호, 52.

극우주의의 발전: 대통령 선거

보편적 가치를 추구하라.

정치와 종교의 관계는 유동적이다. 특히 양자가 자신의 이익을 위해 작동하기 때문에, 상황은 훨씬 더 복잡하고 불안하다. 그동안 한국 사회에서 개신교는 자신의 이익을 극대화하기 위해 정부와 유착하거나 대립했다. 결과적으로 국가나 교회에게 부정적 영향을 끼치고 말았다. 끊임없이 변동하는 상황에서 항상 긴장하며 위험한 줄타기를 하는 대신, 인류의 보편적 가치와 윤리 규범을 제시하는 것이 종교, 특히 개신교가 수행해야 할 일차적 사명임에 틀림없다. 노길명은 종교가 이익 집단의 범주를 벗어나 보편적 진리를 전파하는 본연의 자리로 돌아갈 것을 반복해서 주장한다.

> 종교와 정치 간의 관계는 고정적인 것이 아니다. 그것은 종교 집단과 정치 집단의 이해관계에 따라 달라질 수밖에 없다. 종교의 사명은 인류의 보편적 가치와 윤리 규범을 제시하는 데 있다. 또한 종교 집단에 대한 정치 권력의 개입이나 조종은 정당성이 약하거나 부패한 권력에서 나타난다. 그렇기 때문에 정치 권력에 대한 종교의 입장이나 태도는 기본적으로는 정치 권력의 도덕성이 어떠한가에 따라 결정되기 마련이다.[27]

---

[27] 노길명, "광복 이후 한국 종교와 정치의 관계: 해방공간부터 유신시기까지를 중심으로", 종교연구 27집, 21.

사회 통합을 위해 힘쓰라.

한국 사회의 문제는 다양한 이유로 분열하는 것이다. 특히, 보수와 진보 간의 갈등은 매우 심각한 수준이다. 사실 모든 사회는 보수와 진보라는 두 바퀴를 통해 운영된다. 양자의 조화와 균형 없이, 건전한 사회는 존재할 수 없다. 하지만 한국 사회는 화해가 불가능할 정도로 진보와 보수 간의 간격이 넓고 깊다. 김호기는 이런 현실을 직시하면서, 이 문제의 해결에 개신교의 책임을 요청한다. 역사적 경험이나 현재의 역량을 고려할 때, 한국 사회에서 개신교가 가장 적합한 존재임에 틀림없다는 것이다. 더 이상 분열의 원인과 갈등의 촉매로 기능하지 말고, 이제 개신교가 화해와 상생의 중재자로 활약할 때다.

> 우리 사회에서 대선은 보수 세력과 진보 세력이 갖고 있는 역사적 특수성으로 인해 더욱 격렬한 양상으로 나타났다. 보수 세력은 산업화를 일궈 냈다는 자긍심이 강한 반면, 진보 세력은 그 산업화 과정에 내재된 정치적 억압에 맞서 민주화를 이끌어 왔다는 자부심을 갖고 있다. 문제는 두 세력이 서로의 존재를 잘 승인하지 않으려는 데 있다.… 선거가 끝나면 새로운 사회 통합을 일궈 가야 함에도 불구하고 오히려 사회가 둘로 나뉘는 '두 국민 국가'가 강화되는 양상이 두드러지는 것이 우리 사회의 현주소다. 이는 민주주의와 경제 성장이라는 장기적인 국가 발전의 시각에서 볼 때 매우 안타깝고 불행한 일이다.… 이와 관련해 나는 기독교의 적극적인 역할을 말하고 싶다. 사회학적 시각에서 기독교가 전하는 가장 중요한 메시지는 타자에 대한, 자신이 속

극우주의의 발전: 대통령 선거

한 공동체에 대한 믿음과 소망과 사랑의 실천이다. 이웃에 대한 사랑이라고 할 수 있는 이러한 실천이 제대로 발휘될 때 우리 사회의 사회 통합은 더욱 공고화될 것이라고 나는 생각한다.[28]

정치에 예수를 끌어들이지 말라.
지난 세월, 개신교는 자신의 신앙과 정치를 긴밀하게 연결지으려고 분투했다. 신정 정치의 꿈을 포기할 수 없었기에, 모든 대선에서 기독교인 후보에게 특별한 애정과 후원을 아끼지 않았다. 하지만 그런 기준과 선택은 민주주의 발전과 교회의 건강한 성장 모두에 전혀 도움이 되지 않았다. 오히려 무지에 근거한 배타성이 맹목적인 종파주의와 사회적 분열과 갈등을 심화시켰을 뿐이다. 이런 맥락에서 임동진은 정교 분리를 충실히 고수함으로써, 교회와 사회의 퇴행을 막아야 한다고 역설한다.

> 이런 현실에서 어느 후보가 '우리와 같은 교인'이기 때문에 그를 밀어주어야 한다는 식의 붕당적인 사고방식이 만연하고 있다. 이런 사고방식이라면 어느 지역 사람들이 자기들 지역 출신의 후보를 밀어주려고 하더라도 이를 '지역당'이라고 비난할 수 없을 것이다. 기독교 장로들이 모여 어느 후보의 당선을 위하여 전국적으로 운동에 나섰다는 잡지

---

28 김호기, "2002-2007-2012 대선의 회고와 한국정치의 전망", 기독교사상 2013년 12월호, 44-45.

도 눈에 보인다.… 과연 종교와 정치는 어떤 계파적인 연계를 맺어야만 할 것인가?… 그렇다. 가이사의 것은 가이사에게 주어 가이사가 알아서 하도록 할 수밖에 없다. 이 말은 무엇을 뜻하는가? 기독교인은 기독교인이면서 한편 그 이전에 한 사람의 보통의 국민에 다름 아니라는 엄연한 사실을 일깨워 주는 것이다. 하느님을 믿고 예수를 믿는 것은 기독교인으로서 당연한 일이겠으나 정치에까지도 예수를 끌어들이는 것은 시대를 역행하여 중세 암흑기의 교회 시절로 돌아가는 일이 된다고 생각한다.[29]

하늘의 뜻을 묻지 말라.

지난 대선들에 참여하면서 개신교는 자신의 선택과 행동을 하나님과 성경으로 정당화했다. 대개의 경우, 그런 정당화는 하나님이나 성경과 아무런 관계도 없었다. 단지 사적 유익을 위해 하나님과 성경을 도용했을 뿐이다. 그런 전략은 더 이상 효율적이지도 정당하지도 않다. 차라리, 이제는 정직하게 현실을 직시하고 겸손하게 행동하는 것이 바람직하다. 종교적 색채를 강조할수록 공신력은 역으로 감소될 것이기 때문이다. 김조년이 반복해서 강조하는 뼈 있는 통찰이다.

> 하늘의 뜻을 내가 얻었다는 따위의 오만불손한 태도는 기독교인이 버려야 할 가장 큰 오류 중의 하나다. 이번 선거

---

[29] 임동진, "대통령 선거와 기독교인", 기독교사상 1992년 12월호, 149.

극우주의의 발전: 대통령 선거

에서 신의 뜻이 이루어지게 하여 달라는 기도 역시 필요가 없다.… 하늘의 뜻을 물으려 하지 말고 시대의 흐름과 사람의 맘을 읽으려 해야 한다. 그러면 하나님이 말씀하시는 것을 들을 수 있을 것이다. 다만 교회를 이끈다는 목회자들의 교회연고주의나 신앙혈연주의를 내세워 특정 후보를 위한 투표를 주장하는 설교와 기도는 참으로 극복되어야 할 문제다. 예. 장로 대통령 만들기 따위.[30]

신자유주의 정권을 교체하라.

2007년 대선은 경제가 화두였다. 비민주적 유신 세력과 힘겨운 싸움을 전개해 왔던 진보 정권은 IMF라는 전대미문의 경제적 쓰나미와 10년간 사투를 벌였다. 하지만 국가부도사태에서 신음하던 국민들을 만족시키기에는 역부족이었다. 특히, 수구 세력의 집요하고 전방위적 반격 속에서 힘겨운 시간을 보내야 했다. 이런 상황에서 미국발 신자유주의는 세계적, 시대적 당위로 한국 사회를 강타했다. 이런 현실에서 진보와 보수의 차이가 무의미해졌다. 결국 이 문제를 현실적으로 해결하지 못할 경우, 한국의 미래는 장담할 수 없을 것이다. 이런 문제의식 속에서, 손석춘은 진보 진영이 문제의 본질을 정확히 파악하고, 현실적인 해결 능력을 발휘해야 한다고 주문한다.

---

30 김조년, "연말 대선과 기독교인의 정치참여", 기독교문화연구 Vol. 12, 13-14.

정권 교체만 되면 되는 것이 아니다. 잘못된 방향을 바로잡는 정권 교체여야 한다. 좌파 정권이 아니다. 신자유주의 정권을 교체할 때다. 김대중-노무현으로 이어진 신자유주의 정권 10년을 교체해야 마땅하다.… 물론, 이명박이나 이회창 정권은 신자유주의 정권 교체가 아니라, 더 노골적인 신자유주의 정권이 들어서는 것임을 대선 공간에서 최대한 알려 나가야 한다. 반신자유주의의 가치 연대가 필요한 까닭이다. 여기서 가치 연대는 자신의 경제 주권을 찾으려는 유권자들의 세력화를 뜻한다.… 과연 진보 세력은 4800만에 이르는 대한민국 국민을 먹여 살릴 수 있다는 비전을, 믿음을 주고 있는가. 언제나 통일을 강조하지만, 통일 뒤 남과 북의 7200만 민중을 먹여 살릴 정책 능력을 갖추고 있는가.… 그렇다. 분단과 신자유주의 체제를 넘어서려면 진보 세력이 정책 능력을 높여야 한다.[31]

새로운 역사 참여 신학을 정립하라.

2000년대에 진입하면서 한국 사회는 신자유주의 체제에 완전히 편입되었다. 물질적 가치가 정신적 가치를 압도하고, 사회의 양극화는 극심해졌다. 이런 상황에서 개신교는 성경적 가치를 탐구하며 시대적 풍조에 저항하는 대신, 오히려 이런 풍조를 부추기고 정당화하는 일에 앞장섰다. 김명배는 이런 현실을

---

[31] 신석춘, "2007 대선이 준 한국정치의 숙제-새로운 정치운동이 필요하다", 기독교사상 2007년 12월호, 26-28.

직시하면서, 문제 해결을 위해선 새로운 신학, 특히 "새로운 역사 참여 신학"을 서둘러 정립해야 한다고 주장한다.

2000년대 들어와 세 번의 대선을 거치는 동안 한국 교회는 기득권층, 보수 세력과 친화적 관계를 맺어 왔다. 이 친화적 관계 속에서 교회의 성장을 도모했고, 기득권을 유지하고자 했다. 신자유주의 경제 체제하에서 배를 불리는 기업들처럼, 대형교회들은 문어발식으로 지교회를 세워 교세를 확장하였다. 뿐만 아니라, 재벌들의 기업 대물림처럼 대형교회들은 목회자 세습을 시도하였다. 이러한 한국 교회가 한국 사회 민주주의의 퇴행에 기여한 것은 어쩌면 당연한지도 모른다. 그러면 어떻게 할 것인가? 필자는 한국 교회에 역사와 사회참여 신학을 새롭게 정립하여야 한다고 본다. 1970년대와 80년대 한국 교회와 지도자들이 민중신학, 토착화 신학 등 한국적 신학에 대한 고민을 토대로 민주화 운동에 헌신한 것처럼, 한국 교회가 2000년대에 맞는 새로운 역사 참여 신학을 정립하여야 할 것이다.[32]

광장에서 골방으로

이상에서 대통령 선거의 역사를 간략히 살피면서, 각 선거에

---

32 김명배, "2000년대 대선과정을 통해 본 한국 교회", 50-51.

서 개신교가 참여, 대응했던 방식을 함께 검토했다. 대통령 선거에 있어서 개신교가 숙고해야 할 과제들을 여러 사람의 글을 통해 소개했다. 이런 역사와 제언을 토대로 개신교인들의 정치 참여에 관한 몇 가지 제언을 하고자 한다.

첫째, 개신교는 특정 이념 및 정당과 자신을 배타적으로 동일시해 왔던 오랜 관행을 청산해야 한다. 분단과 냉전을 배경으로 남한에서 재구성된 개신교는 '반공, 친미, 친자본'의 전위대로 맹활약을 해 왔다. 덕택에 우파 정부가 부여한 특혜와 특권을 누리면서 오랫동안 우파 정부와 밀월 관계를 유지해 왔다. 하지만 그런 특권적 지위를 획득, 유지하기 위해 개신교는 복음을 타협하고 예언자적 책임도 회피해야 했다. 하지만 이제 그런 황금기는 막을 내렸다. 따라서 특혜와 특권을 부여했던 특정 정권 및 이념과의 밀월 관계도 청산하고 철저하게 백의종군해야 한다. 그래야 빛과 소금으로서 자신의 존재감을 제대로 드러낼 수 있을 것이다. 그렇지 않으면, 시대착오적 극우 세력과 함께 역사의 뒤안길로 빠르게 사라질 것이다.

둘째, 당분간 광장에서 함성을 멈추고 골방에서 자기 성찰의 시간을 가져야 한다. 분명히, 개신교가 한국의 문화를 선도하고, 정치와 경제를 이끌었던 때가 있었다. 수와 양은 여전히 소박했지만, 사회적, 문화적 영향력은 비범했던 적이 있다. 하지만 해방 이후 개신교는 몸집이 급속도로 거대해지고 힘도 막강해졌다. 장로 대통령을 만들어 내고 법안을 폐기시킬 정도로 말이다. 하지만 그런 전성기가 막을 내리자, 광장에 모여 폭언과 망언의 말잔치를 벌이기 시작했다. 하지만 광장에 빈번히 다수가 모여 막말을 쏟아 낼수록, 사회의 반응은 싸늘해지고 혐오감은 급상승했다. 동시에 개신교 내부의 모순과 오류가 만인의 상식이 되면서 어느새 벌거벗은 임금님 같은 조롱거리로 전락했다. 분명히, 개신교가 담대히 광장으로 나가야 할 때가 있었다. 하지만 지금은 오히려 광야와 골방으로 물러날 때가 아닐까? 분명히 세상이 듣도록 함성을 외쳐야 할 때가 있었다. 하지만 지금은 오히려 침묵하며 자신을 성찰해야 할 시간이 아닐까? 최소한 잠시 동안만이라도 말이다.

셋째, 이익 집단의 한계를 넘어 보편적, 공적 종교로 성숙해야 한다. 그동안 대선에서 개신교가 보여 준 모습은 과거에 향유하던 특권을 유지 혹은 회복하기 위해 몸부림치는 정치 집단과 다르지 않았다. 이것이 대선의 존재 이유라고 항변할 수 있지만, 그 순간 개신교는 자신이 또 하나의 이익 집단임을 스스로 인정하는 것이다. 이기적 욕망으로 끊임없이 분열하고 갈등하는 세상에서 보편적 가치와 공적 진리를 전파하여 상생과 공존을 가능하게 하는 것이 고등 종교의 본질이고 사명이다. 그런 숭고한 책임과 역할을 포기하는 종교는 단지 미신과 사이비일 뿐이다. 따라서 개신교가 이기적 욕망에 집착하여 보편적, 공적 가치를 외면할수록 한국 사회에서의 입지는 빠르게 축소될 것이다. 반면, 타자를 존중하고 공동체적 이상에 충실할수록, 자신의 이기적 욕망을 용기 있게 내려놓을수록, 한국 사회는 개신교의 목소리에 귀를 기울일 것이다.

4장

극우주의의 표현: 혐오

21세기의 시작과 함께 혐오가 심각한 사회 문제로 떠올랐고, 이런 부정적 현실의 중심부에서 극우적 개신교인들의 모습이 감지되었다. 이후, 이들의 활동은 규모와 영향력 면에서 빠르고 강력하게 성장했으며, 한국 사회에서 혐오 문제가 한국 교회와 분리되어 생각할 수 없게 되었다. 또한, 다수의 전문가들은 한국 교회가 혐오의 주체가 된 이유를 근본주의의 영향에서 찾았다. 성경무오설과 문자적 해석, 마니교적 이원론과 도덕적 파시즘을 신봉하는 근본주의의 포로가 됨으로써, 사랑과 정의, 평화와 해방의 복음을 선포하고 실천해야 할 교회가 혐오와 배제, 차별과 폭력의 진원지가 되었다는 것이다. 이런 진단과 분석의 사실 여부와 상관없이 이런 평가를 받고 있다는 사실 자체가 이미 치명적인 문제다. 한국 교회가 혐오의 주체로 기능할 경우, 한국 교회는 교회로서 본질을 상실할 뿐 아니라, 더 이상 한국 사회에서 긍정적 역할을 수행할 수 없기 때문이다.

특별히 2024년 10.27 집회는 '차별금지법 반대'를 중심으로 전국의 교회들을 성공적으로 동원하면서 국가적 관심의 대상으로 급부상했다. 이 집회를 주도했던 부산세계로교회 손현보 목사는 12.3 비상계엄 이후 '세이브 코리아' 운동을 통해 윤석열 전 대통령 탄핵반대운동을 주도했고, 순식간에 기독교 극우 세력의 선봉장으로 자리 잡았다. 이로써 차별금지법 반대 운동을 주도하는 보수 개신교 진영이 한국 극우 세력의 핵심이란 사실이 공개적으로 입증된 것이다. 결국, 개신교 극우 세력은 다양한 종류의 약자들을 향해 혐오와 차별을 노골적으로 표출함으로써 자신의 정체성을 확립하고 한국 사회 내에서 자신의 지위를 강화하고 있다. 이제, 이 불안하고 안타까운 현실을 관찰하고 분석해 보자.

혐오에 대한 학계의 진단과 분석, 그리고 대안

혐오란 무엇인가?

흔히, 감정으로서 혐오hatred, disgust는 "극도의 싫음, 역겨움, 적대감"을 뜻한다.[1] 하지만 사회적 현상으로서 혐오는 이런 개인적 차원의 감정과는 내용과 범주 면에서 차이가 있다. 곧, 혐오 문제를 연구한 법학자 홍성수에 따르면, "여기서 혐오는 그냥 감정적으로 싫은 것을 넘어서 어떤 집단에 속하는 사람들의 고유한 정체성을 부정하거나 차별하고 배제하려는 태도"[2]를 뜻한다. 혐오가 개인의 감정으로 머물 때는 사회적 문제가 되지 않지만, 그것이 다양한 방식으로 개인이나 집단에 의해 사적이나 공적으로 표현될 때, 사회적 함의와 영향력을 갖게 된다. 마사 누스바움Martha C. Nussbaum은 원초적 대상 혐오와 투사적 혐오를 구분하여 감정과 구분된 혐오의 사회적 차원을 설명한다. 곧, 원초적 대상 혐오는 "하수구에 낀 오물이나 동물의 배설물, 인간의 체액 등에 대한 혐오"로서, "학습되는 것이 아니라 인간의 본능"이다. 따라서 이런 혐오는 "위험을 피하면서 생존 가능성을 높이기 위해 필수적"이다. 반면, 투사적 혐오

---

1 홍성수, 『말이 칼이 될 때』 (서울: 어크로스, 2018), 24.
2 같은 책, 24.

극우주의의 표현: 혐오

는 "원초적 혐오의 대상을 향한 역겨운 속성을 특정 집단이나 개인에게 전가하고 구성원 중 몇몇을 '오염원'으로 규정한 것"이다.³ 이런 구분을 수용한다면, 문제가 되는 것은 바로 이 '투사적 혐오'이며, 혐오 자체보다 혐오 표현이 보다 중요한 관심의 대상이다.

그렇다면 혐오 표현이란 무엇일까? 홍성수는 혐오 표현을 "소수자에 대한 편견 또는 차별을 확산시키거나 조장하는 행위 또는 어떤 개인, 집단에 대해 그들이 소수자로서의 속성을 가졌다는 이유로 멸시, 모욕, 위협하거나 그들에 대한 차별, 적의, 폭력을 선동하는 표현"이라고 정의한다.⁴ 2016년 발표된 국가인권위원회 연구용역보고서는 "어떤 개인 집단에 대해서 그들이 사회적 소수자로서의 속성을 가졌다는 이유로 그들을 차별 혐오하거나 차별적 폭력을 선동하는 표현"으로 정의한다.⁵ 그리고 혐오에 대한 여러 국제 협약들을 검토한 최종선은 "민족, 인종, 종교, 성별 등에 따른 특정 집단을 차별, 구별, 배척, 제한, 배제 등의 방법으로 기본권 등의 행사를 침해하거나 저해하는 것"⁶이라고 정의한다. 이처럼 혐오는 여러 방식으로 표현되며 내용도 다양하다. 이것들 중에서 선동incitement이

---

3 이지성, "혐오의 시대, 한국 기독교의 역할: 극우 기독교의 종북게이 혐오를 중심으로", 기독교사회윤리 제42집, 224.

4 홍성수, 『말이 칼이 될 때』, 31.

5 구형찬, "혐오와 종교문화: 한국 개신교에 관한 소고", 종교문화비평 통권 33호, 24.

6 최종선, "국내외 혐오표현 규제 법제 및 그 시사점에 관한 연구", 법학논총 제3호, 49.

대중의 구체적 행동을 촉발할 가능성이 농후하기에 가장 위험한 것으로 분류된다.**7**

왜 혐오가 문제인가?

기본적으로 혐오는 힘없는 약자를 대상으로 한 비열한 폭력이다. 곧 혐오는 주류에 의해 비주류에게, 다수에 의해 소수에게, 강자에 의해 약자에게 행해진다. 『계몽의 변증법』에서 막스 호르크하이머Max Horkheimer와 테오도르 아도르노Theodor W. Adorno가 언급했듯이, "분노는 눈에 띄지만 방어 능력이 없는 이들을 향해 분출된다."**8** 이것은 인류가 극복하고자 했던 전근대의 수치스러운 유물이다. 군주제하에서 백성은 군주의 소유물이었다. 전체주의 사회에서 개인의 존엄성은 쉽게 무시되었다. 이런 비극적 현실을 극복하려는 치열한 과정이 근대화의 여정이었고, 그 과정이 지향했던 목적지가 바로 민주주의였다. 그런데 혐오는 이 과정과 성취를 전면적으로 부정하는 수치스러운 행위다.

혐오는 단순한 발언에서 파괴적 폭력으로 빠르게 진화한다. 혐오는 강력한 힘을 가진 다수가 자기방어나 반격의 기회와 능력이 없는 소수를 향해 잔인하게 작동한다. 동시에 주변 사람들은 무관심 속에 외면하거나 수동적으로 묵인한다. 이런 무방비 상황에서 단순한 언어적 혐오 표현은 쉽고 빠르게 그리고 너무나 자연스럽게 폭력으로 발전한다. 그리고 혐오의 대상과 범위,

---

7   홍성수, 『말이 칼이 될 때』, 31.
8   카롤린 엠케, 『혐오사회』, 정지인 옮김 (파주: 다산초당, 2017), 72.

극우주의의 표현: 혐오

강도는 지속적으로 확장되고 강화된다. "혐오 발언은 단순히 언어적 표현에 그치지 않고 집단과 대중에게 감정적 행동을 일으키며 이어서 폭력으로 번져 나가기에 사회 문제로 대두된다."[9]

혐오는 혐오 대상과 혐오 주체, 그리고 주변인들의 인격과 삶을 쉽게 파괴한다. 혐오 대상으로 선택된 개인이나 집단은 단순한 혐오 발언에도 쉽게 기가 꺾이고 불안해진다. 게다가 이런 혐오가 집단적, 사회적 차원에서 대규모로 집요하게 진행될 경우, 혐오 대상의 존재 자체가 치명적 위기에 처할 수밖에 없다. 또한 혐오는 혐오 주체의 인격도 해체시킨다. 혐오는 양심의 가책이나 이성적 성찰을 방해하고, 타인의 고통이나 비극에 대한 공감을 가로막는다. 따라서 혐오 주체는 타인과의 관계 회복이나 상생을 기대하지 못하는 병든 자아로 퇴화할 가능성이 매우 높다. 뿐만 아니라 혐오는 이런 비극적 상황을 수동적 혹은 비겁하게 구경하는 이들에게도 치명적이다. "자신과 다른 모든 사람에 대한 혐오와 멸시가 계속 심화되고 확대되면 결국 모든 사람이 해를 입게 된다.… 유감스럽게도 바로 그런 것이 증오가 가진 힘이다."[10]

혐오는 공공선도 파괴한다. 혐오는 소수자에 대한 다수의 조직적, 제도적 폭력이며 강력한 힘에 의한 일방적 공격이다. 혐오가 확장되고 제도화되는 과정에서, 가해자는 자신의 행동

---

9   이근식, "혐오와 덕의 공동체: 스탠리 하우어워스의 덕윤리를 통한 혐오문화의 기독교윤리적 극복방안에 대한 연구", 기독교사회윤리 제37집, 113.
10 카롤린 엠케, 『혐오사회』, 24.

을 정당화하고 강화하기 위해 다양한 방법을 동원한다. 하지만 이 과정은 공정한 절차에 의한 합의와 타협 대신, 불법과 편법이 난무하여 민주적 질서가 무너진다. 거짓과 사익의 횡포 앞에서 공공성과 보편성은 설자리가 없다. "혐오 표현은 배려와 협력 속에서 공존해야 할 다양한 집단의 구성원의 존재를 부인하고 나아가 그러한 집단의 개별 구성원을 공동체로부터 추방하려는 시도의 매개체 역할을 한다. 사회적 공공선의 파괴다."[11]

왜 그리고 어떻게 혐오는 발생하는가?

기본적으로 혐오는 정치적, 경제적 상황과 밀접한 관련이 있다. 사회가 안정되고 번영을 누릴 때는 사회적 약자들이 오히려 돌봄과 보호의 대상으로 간주된다. 하지만 경제적 불황과 정치적 불안이 고조되어 생존의 위협을 느낄 경우, 대중은 자신들의 공포와 분노를 표출할 대상을 물색하기 시작한다. 이근식의 지적처럼 "혐오 문화 속에 숨겨진 감정은 두려움이기 때문이다."[12] 그리고 가장 먼저 눈에 포착되는 것이 바로 사회적 약자들이다.

혐오가 발생하기 위해서는 혐오의 정당성을 입증할 이데올로기의 도움이 필요하다. 이 혐오가 일회적 사건이 아니라, 보다 많은 사람에게 동의를 얻고 지속적으로 영향을 끼치기 위해서는 혐오의 이유와 근거를 설득력 있게 설명할 수 있어야 하

---

11 이승선, "공적인물이 발화하거나 방송에서 발생한 혐오표현의 특성에 관한 탐색적 연구", 언론과학연구 통권 65호, 138.
12 이근식, "혐오와 덕의 공동체", 132.

기 때문이다. 그런 목적을 성취하려면, 이 설명은 "구체적인 역사적, 문화적 틀 안에서 산출해 낸 것"이어야 하며, "오랫동안 냉철하게 벼려 온, 심지어 세대를 넘어 전해 온 관습과 신념의 산물"이어야 한다.[13]

이러한 정치 경제적 상황과 이데올로기, 그리고 종교가 결합할 때 혐오는 더욱 강력한 힘을 발휘한다. 흔히 혐오와 조우하는 종교는 근본주의적 속성을 갖는다. 이때 근본주의적 종교는 이원론적, 배타적, 순혈주의적 특성을 보인다. 그런데 이런 종교적 특성은 특수한 상황에서 작동하는 혐오에게 정당성을 부여할 뿐 아니라, 동시에 이 혐오의 작동에 관여하는 다양한 제도와 권력에게도 강력한 동력을 제공한다. "차별 구조가 팽배해지는 사회 위기라고 일컬어질 만큼의 정치적인 불안정의 시대에서, 교회의 근본주의적 사고는 권력과 정부의 합법성을 보장하여 줄 사회 제도와 체제를 유지해 줄 필요성과 만나 종교와 정치의 연계가 발생한다.[14]

끝으로 혐오가 장기적으로 지속되고 널리 확장되기 위해선, 주변 사람들의 묵인이나 방조도 필요하다. 이것은 독일의 혐오 현상을 분석하면서 카롤린 엠케가 특히 주목했던 부분이다.

> 개입하지 않는 사람들, 스스로 그렇게 행동하지는 않더라도 다른 사람들의 행동을 동조적으로 용인하는 사람들 역

---

[13] 카롤린 엠케, 『혐오사회』, 76.
[14] 이근식, "혐오와 덕의 공동체", 125.

시 증오를 가능하게 하고 확장한다. 어쩌면 폭력과 위협이라는 수단은 지지하지 않더라도 분출된 증오가 향하는 대상을 혐오하고 경멸하는 이들이 은밀하게 묵인하지 않았다면, 증오는 결코 그렇게 힘을 발휘하지 못했을 것이다. 그리고 그렇게 장기적이고 지속적으로 사회 전체에 널리 퍼져 나갈 수 없었을 것이다.[15]

혐오는 우리의 현실이다.

최근에 발표되는 각종 통계 자료들은 혐오가 이미 한국에서 심각한 사회 문제임을 보여 준다. 먼저 한국인의 외국인 혐오증xenophobia이 매우 심각한 것으로 드러났다. 여성가족부의 발표에 따르면, 한국인 중 외국인 노동자와 이민자를 이웃으로 삼고 싶지 않다는 응답이 31.8%였다. 미국(13.7%), 호주(10.6%), 스웨덴(3.5%) 등과 비교해 보면, 이 수치의 크기를 보다 쉽게 이해할 수 있다. 이런 현실은 난민에 관한 중앙일보의 여론조사에서도 거듭 확인되었다. 제주도 예멘 난민을 받아들이는 것과 관련한 질문에서 반대(61.1%)가 찬성(35.8%)보다 두 배 가까이 많았다. 한편, 여성가족부의 같은 조사에서 한국인 중 동성애자를 이웃으로 받아들이고 싶지 않다고 대답한 사람들이 79.8%였다. 이런 결과는 네덜란드(6.9%), 미국(20.4%), 독일(22.4%), 싱가포르(31.6%), 대만(40.8%), 중국(52.7%), 말레이시아(58.7%)와 비교할 때, 우리 상황이 매우

---

15 카롤린 엠케, 『혐오사회』, 92.

심각한 수준임을 보여 준다.[16]

이런 통계의 실체는 현실에서 빈번하고 구체적으로 확인할 수 있다. 몇 가지 예를 들어 보자. (1) 여성 성소수자 인권 단체인 퀴어여성네트워크의 주최로 '제1회 퀴어여성생활체육대회'가 2017년 10월 21일에 동대문구체육관에서 개최될 예정이었으나 체육관 측의 일방적 대관 취소 통보로 무산되었다. (2) 수년전, 결혼을 통해 한국 국적을 취득한 한 여성이 국내 모처의 목욕탕을 이용하고자 했으나, '외모가 외국인이고 에이즈를 옮길지 모른다'는 이유로 출입을 금지당했다. (3) 2017년 9월 5일, 서울 강서구의 한 초등학교 강당에서 열린 '강서 지역 공립 특수학교 신설 주민 토론회'에서 수십 명의 장애 학생 부모들이 학교 건축을 허락해 달라며 반대 측 주민들 앞에서 무릎까지 꿇었지만, 반대 측 주민들은 "쇼하지 마라"고 외치며 반대의 뜻을 굽히지 않았다.

그 외에도, 다양한 비속어들이 혐오의 매체로 널리 사용되고 있다. 특히 특정 부류의 사람들을 벌레에 비유하여 '○○충'이라고 부르고, 특정 여성을 지칭하여 '○○녀'라고 조롱하는 것이 보편화되고 있다. 남성을 비하하는 '한남충'(한국 남성 벌레), '급식충'(급식 먹는 벌레), '일베충'(일간 베스트 회원), 노인을 비하하는 '틀딱충'(틀니 딱딱 거리는 벌레), 40대 남성을 조롱하는 '개저씨'(개념 없는 아저씨), 그리고 여성 비하의 '된장녀'와 '김치녀'가 대표적인 예들이다. 최근에는 초등학생들 사

---

16 홍성수, 『말이 칼이 될 때』, 228.

이에서 '월거지'(월세 사는 거지), '전거지'(전세 사는 거지), '빌거'(빌라 사는 거지), '엘사'(LH 사는 사람)처럼, 부모의 소득과 사는 곳에 따라 차별과 혐오를 담은 신조어가 유행하고 있다.[17] 이처럼, 혐오는 우리 문화의 일부로 자리 잡았다.

혐오와 한국 교회

혐오는 한국 교회와 무슨 관계인가?

성소수자, 여성, 장애인, 외국인과 난민을 대상으로 한 편견과 차별, 그리고 혐오는 한국 교회만의 문제가 아니다. 한국 사회 전체가 다른 나라들에 비해 타자(특히 사회적 소수자)에 대한 편견과 차별, 혐오가 훨씬 심하기 때문이다. 하지만 사회적 소수자들에 대한 편견과 혐오 면에서, 한국 교회는 한국 사회에서 단연 압도적인 모습을 보이고 있다. 주요 사회적 현안들에 대한 한국인들의 인식을 조사한 한국기독교사회문제연구원의 발표에 따르면, "개신교 응답자는 진화론 반대(45.9%), 공산주의 배격(72%), 동성애 반대(62.3%), 이슬람 반대(68.4%)의 결과가 나온 반면, 비신자 응답자는 진화론 반대(12.5%), 공산주의 배격(58.1%), 동성애 반대(36.6%), 이슬람 반대(51. 2%)

---

17 이승규, "[사설]초등생 사이 유행하는 차별·혐오 표현은 어른 책임", 중도일보 인터넷 기사, https://m.joongdo.co.kr/view.php?key=20191117010006874.

극우주의의 표현: 혐오

라는 응답을 보였다."[18] 양자의 차이가 상당하다.

혐오와 한국 교회의 상관관계는 통계 조사 외에, 혐오 현상을 연구한 학자들에 의해 공통적으로 지목되고 있다. 곧, 그들에 의하면 혐오와 배제, 그리고 차별의 현장과 담론에서 개신교인들이 주도적인 역할을 담당할 뿐 아니라 막강한 영향력을 행사하고 있다. 그런데 이때 연구자들이 한국 교회를 지칭하는 명칭이 매우 다양하다. 하지만 그렇게 다양한 표현들은 궁극적으로 한국 개신교 내의 특정 그룹을 지칭하는 것으로 보인다.

먼저, 가장 포괄적인 표현으로, '한국 개신교'가 자주 언급된다. 개신교는 한국 사회의 '혐오' 이슈에서 매우 중요한 역할을 담당하고 있다."[19] "개신교는 한국 사회의 '혐오' 이슈를 둘러싸고 가장 자주 언급되는 종교 집단이다.… '혐오' 이슈의 '혐오의 첨병'으로서 회자되는 경우가 많다."[20] "그런데 개신교 교회는 최근 갑자기 더 노골화된 공격적 태도로 사람들을 대한다.… 이와 함께 성소수자, 이방인, 타종교인 등이 타자화되었고 공격의 대상으로 지목되었으며 공격을 당하고 있다."[21]

한국 개신교보다 좀 더 구체적으로 '보수 기독교/개신교(계)'라는 표현도 발견된다. "2006년 국가인권위원회가 포괄

---

[18] 최승현, "'동성애 반대' 비율, 개신교인 62.2%, 비신자 36.6%, 가나안 교인 35.8%", 뉴스앤조이 인터넷 기사, https://www.newsnjoy.or.kr/news/articleView.html?idxno=225673.
[19] 구형찬, "혐오와 종교문화", 18.
[20] 같은 글, 47.
[21] 김진호, 『산당들을 폐하라』 (서울: 동연, 2016), 131.

적 차별금지법 제정을 권고하고 법무부가 법안 마련에 나서자 심상치 않은 상황이 전개되었다. 일부 보수 기독교계에서 '성적 지향' 등을 삭제하라고 요구했고, 결국 법무부는 '성적 지향'을 삭제한 법안을 국회에 제출했지만 이조차 통과되지 못했다."[22] "2000년 이후 혐오 담론을 주도한 세력은 보수 개신교 집단이다. 그들의 주된 혐오 대상은 동성애, 특히 남성 동성애자들이다."[23]

하지만 가장 빈번하게 언급되는 명칭은 '근본주의'다. "문자주의적 성경 해석과 그것에 근거한 보수/근본주의적 신학과 더불어, 약화되고 있는 헤게모니적 남성성에 대한 깊은 불안감이 한국 개신교 우파의 동성애 반대 운동을 형성하고 확장시키는 데 한몫했다고 볼 수 있는 것이다."[24] "부분적으로는 에이즈에 대한 [대중의] 공포를 이용하여 1980년대와 1990년대에 세력을 넓힌 종교적 근본주의 집단들은 여성 권리 및 동성애자 권리에 우호적인 법률을 폐지하기 위해 열심히 노력했다."[25] "이러한 혐오 발언과 표현들은 최근 사회, 정치, 경제적 불안감, 전통적 가부장적 유교 문화의 서열식 사고, 게다가 현대 기독교 근본주의 사고의 결합을 통하여 사회 전반에 깊이 있게

---

22 홍성수, 『말이 칼이 될 때』, 203.
23 박정수, "혐오표현? 문제는 혐오정치야!", 비마이너 인터넷 기사, https://www.beminor.com/news/articleView.html?idxno=9699.
24 김나미, 『당신들의 신국: 한국 사회의 보수주의와 그리스도교』, 제3시대그리스도교연구소 엮음 (파주: 돌베개, 2017), 273.
25 미셸린 이샤이, 『세계인권사상사』, 조효제 옮김 (서울: 길, 2006), 507.

극우주의의 표현: 혐오

빠른 속도로 뿌리내리고 있다."²⁶

　이처럼 학자에 따라 그 표현이 한국 개신교회, 한국 보수 기독교, 근본주의 등으로 다양하지만 신학적 특성과 행동 방식을 고려할 때, 이들이 지목하는 대상은 '한국 개신교 근본주의자들'로 정리할 수 있을 것이다. 한국의 모든 개신교인이 혐오 현상과 직접 연관된 것은 아니기 때문이다. 오히려 한국 개신교인들 중에는 혐오에 반대하여 다양한 활동에 참여하는 사람들도 적지 않다. 이것은 보수 기독교인들의 경우에도 마찬가지다. 반면, 가장 협의의 범주인 근본주의자들은 대체로 현재 진행 중인 다양한 형태의 혐오, 배제, 차별과 관련된 조직이나 행사, 그리고 운동에 적극적으로 참여하고 있는 것으로 보인다.

근본주의자들은 어떻게 혐오를 표현하는가?

근본주의적 개신교인들은 어떤 방식으로 혐오를 표현하고 있을까? 먼저, 혐오는 개인적 차원에서 발생하고 있다. 다음은 근본주의자들이 개인적으로 발언한 혐오 표현의 예다. "동성애, 이슬람, 차별 철폐 이것들 그대로 뒀다간 한국 교회 원천적으로 없어집니다. 동성애, 이슬람 이겨야 합니다."²⁷ "가정에서 여자가 머리 구실을 하면 그 집안은 그만 중풍병자처럼 비정상적인 것이 되어 버립니다. 그리고 더 나아가서 그 집안은

---

26 이근식, "혐오와 덕의 공동체", 113.
27 2016년 4월 17일 예수사랑교회 주일예배 설교 중. 박기용, 박유리, "차별과 배제, 극우 정치의 두 날개", 한겨레 인터넷 기사, https://www.hani.co.kr/arti/politics/politics_general/740931.html.

괴물이 되고 맙니다."**28** "이슬람 진리를 위한 폭력은 그들의 교리에 의해 정당화되고 있습니다. 이것이 극단적으로 나가게 되면 지하드가 되어 테러를 벌이게 되는 것이지요."**29**

조직적 차원에서 진행된 경우도 많다. 예를 들어, 자유한국당 김진표 의원이 2018년 7월 11일 '난민법 개정을 위한 국민토론회'를 개최하고, "전 세계 좌파들이 이슬람 난민으로 질서를 흔들고 있다.… 우리 아들들도 장가를 못 가는데 저들은 우리 딸들을 데리고 살려 한다"고 주장했다. 그런데 이 행사를 기독교 관련 단체들(우리문화사랑국민연대, 자유와인권연구소)이 공동으로 주최했다.**30** 또한, 혐오 표현으로 가득한 가짜뉴스들이 SNS를 통해 빠르고 광범위하게 확산되어 사회적 이슈가 되었다. 그런데 <한겨레>의 보도에 따르면, 개신교 극우 단체인 '에스더기도운동'을 통해 "스웨덴에서 발생한 성폭력의 92%가 이슬람 난민에 의한 것이고 피해자 절반이 아동이다", "아프간 이민자의 성범죄율이 내국인보다 79배가 높다" 등의 혐오성 가짜뉴스들이 제작되어 배포되었다고 한다.**31**

---

28 옥한흠,『예수 믿는 가정 무엇이 다른가』(서울: 국제제자훈련원, 2002), 100. 임희숙,『기독교 근본주의와 교육』(서울: 동연, 2010), 41에서 재인용.

29 이억주, "다원화사회, 기독교에 대한 도전과 응전", 신앙세계 제482호, 14.

30 김건호, "김진태 '전 세계 좌파들이 이슬람 난민으로 질서 흔든다'", 세계일보 인터넷 기사, https://www.segye.com/print/2018 0711005973.

31 김완, 박준용, 변지민, "[단독] 동성애·난민 혐오 '가짜뉴스 공장'

주요 교단들도 총회 차원에서 혐오의 주체로 활동하고 있다. 2019년 교단 총회에서, 예장통합이 '무지개 퍼포먼스' 신학생들의 목사고시를 불합격 처리했으며, 소셜 미디어에 동성애자를 '사회적 약자'라고 표기하기만 해도 '동성애 옹호 행위'라는 것을 헌법 시행 세칙에 명시하는 방안을 연구하기로 결정한 것이 대표적인 예다. 예장합동도 동성애자 및 지지자의 신학교 입학을 불허하고 적발 시 퇴학시키기로 결정했으며, 예장백석도 김대옥 목사(한동대 전 교목)를 동성애 옹호자로 규정하고 이단으로 정죄했다. 예장고신도 동성애 관련 시국선언문을 발표했다.[32]

개인과 단체들이 협력하여 직접 특정 방송이나 행사를 반대하거나 방해하는 경우도 적지 않다. 기독교방송(CBS) TV 채널을 통해 방영되는 강연 프로그램 「세상을 바꾸는 시간, 15분」에서 대학성소수자모임연대(QUV)소속 회원이 출연해 "성소수자도 우리 사회의 분명한 구성원입니다"라는 주제의 강연을 했다. 이 방송이 2017년 11월 23일 주요 포털들을 통해 공개되자, 일부 기독교계 단체들이 성명을 발표하고 강력히 반발했던 것이 한 예다.[33] 또한 매년 서울에서 개최되는 '퀴어문화축제'

의 이름, 에스더", 한겨레 인터넷 뉴스, https://www.hani.co.kr/arti/society/society_general/863478.html.

[32] 최승현, "'동성애 말살' 정책 펴는 교단들", 뉴스앤조이 인터넷 기사, https://www.newsnjoy.or.kr/news/articleView.html?idxno=225371.

[33] 구형찬, "혐오와 종교문화", 33.

행사장 주변에서 개신교 단체들이 대규모 맞불집회를 개최하고 있다. 이들은 동성애에 대한 혐오를 표출하는 각종 홍보물을 설치하거나 배포하고, 대형 음향 장비를 동원해 북을 치고 노래를 부르며 통성 기도를 한다.[34]

끝으로, 차별금지법 반대 운동처럼, 소수자들을 위한 법률 제정을 저지하기 위해 한국 교회가 전국적 차원에서 조직적, 지속적으로 반대 운동을 전개하고 있다. 2011년, 학생인권조례 제정이 인권, 시민 단체에 의해 추진되었을 때, 개신교 진영에서 '성적 지향에 따른 차별금지 조항'을 문제 삼으면서 정부와 갈등이 발생했다. 2013년에는 두 건의 차별금지법안이 보수 개신교의 압력과 반발로 자진 철회되었으며, 2014년에도 같은 이유로 '서울시민인권헌장'이 공포되지 못했다. 지역적 차원에서도, 각종 조례들이 '성소수자'나 '성적 지향'의 문구가 포함되었다는 이유로 기독교계의 반대에 부딪혀 통과되지 못했다.[35] 최근에는 보수 개신교가 선거 때마다 정치인들에게 동성애 반대와 차별금지법 제정 반대를 강력히 요구하고 있다.

혐오에서 사랑으로

한국 사회에서 보수적 개신교회가 혐오 표현의 주된 발원지라

---

34 구형찬, "혐오와 종교문화", 34.
35 홍성수, 『말이 칼이 될 때』, 203-204.

극우주의의 표현: 혐오

는 학계의 지적은 한국 교회에 심각한 고민거리를 안겨 준다. 이런 지적에 대해, 당사자인 보수적 개신교인들은 부정적으로 반응한다. 자신들은 근거도 없이 맹목적으로 사회적 소수자들을 비난하는 것이 아니며, 사회적 소수자들에 대한 반대와 비판은 종교적 신념과 사회적 책임에 근거한 합법적 표현이며 정당한 권리 행사라고 항변하는 것이다. 하지만 그런 항변과 변호에도 불구하고, 한국 교회가 사회적 소수자들을 향해 표출하는 언어와 행동은 매우 거칠고 폭력적인 혐오 표현이며, 이로 인해 소수자들은 심각한 정신적 위협과 사회적 박탈을 경험하고 있다. 뿐만 아니라 주류에 속한 다수의 사람들이 한국 교회의 주장과 행동에 대해 불쾌감을 느끼고 부정적인 평가를 내리고 있다. 한국 교회는 이런 비판을 진지하고 정직하게 경청해야 한다.

무엇보다 한국 교회는 결코 '혐오의 정치학'으로 세상을 변화시키거나 구원할 수 없다는 사실을 깨달아야 한다. 21세기의 삶은 사회의 급격한 변화와 이동으로 유동적, 유목민적 특성을 지닐 수밖에 없다. 동시에 다양한 형태의 하이브리드가 일상화되고, 주류와 비주류의 역학 관계도 끊임없이 변한다. 특히 신자유주의의 세계적 확산과 4차 산업 혁명의 급진전은 사회 구성원 간의 경쟁을 극대화하면서 생존을 더욱 어렵게 할 것으로 예측된다. 이런 '유동 사회'에는 불안이 상존하고, 대량으로 배출되는 '호모 사케르homo sacer'들로 인해 위기가 심화될 수밖에 없다. 이런 디스토피아적 상황에서, 인간에 대한 최소한의 이해와 배려, 상생을 위한 인내와 관용이 무시된다면, 낙오자들로 가득 찬 이 땅의 삶은 쉽게 지옥으로 돌변할 것이다. 근본주의자들의 눈에는 이런 현실이 불편하고 불만족스러울 것이다. 그럼에도 분노와 증오, 혐오와 폭력으로는 아무것도 바꿀 수 없다. 집단적 시위와 집요한 압력으로 정치가들을 움직일 수는 있겠지만, 침묵하는 다수뿐 아니라 힘없는 소수마저 결코 구할 수 없다. 자신의 자리를 지키고 세상을 바꾸고 싶다면, 한국 교회는 전략을 수정해야 한다.

바울이 말했다. 천사의 방언을 말하고 산을 옮길 만한 믿음이 있으며 모든 소유를 내어 줄지라도 사랑이 없으면 아무것도 아니라고. 그리고 진정한 사랑은 오래 참고 친절하며, 교만하지도 무례하지도 성을 내지도 원한을 품지도 않는다고. 오직 모든 것을 믿고 바라고 견딘다고(고전 13:1-7). 물론, 교리적 순수성을 추구하고 세상의 타락한 풍조에 저항하는 것이 종교의 본질임을 누구도 부인할 수 없다. 하지만 낯설고 불편한 타인들 속에서 교리를 지키고 덕을 실천하는 방법이 혐오와 욕설, 폭력일 수 없으며 정치가들을 압박하여 성취한 일시적 법률 개정도 아닐 것이다. 그런 맥락에서 '근본'을 다시 생각하라는 충고에 한국 교회는 마음을 열어야 한다. 행동을 멈추고 그들의 말을 먼저 들으라는 제안도 무시할 수 없다. 그리고 '교회의 정원'이 '세상의 황무지'로 오염되지 않으려면 교회와 국가 사이에 적절한 벽을 세우라는 권면도 가슴에 새겨야 한다. 한국 교회가 혐오에 사로잡힌 수구가 아니라, 사랑으로 인내하며 긍정적 변화를 추구하는 건강한 보수, 혹은 창조적 진보로 기능할 때, 교회는 세상의 빛과 소금으로 존재할 수 있을 것이다. 정의의 실현은 오직 사랑으로만 가능하기 때문이다.

극우주의의 표현: 혐오

5장

극우주의의 도구:
한국기독교총연합회

2019년, 한국기독교총연합회(이하 한기총)가 당시 대표 회장이었던 전광훈 목사의 주도하에 문재인 대통령 하야 운동을 시작하면서 국가적 차원의 관심을 받았다. 한기총이 출범한 이래, 이때처럼 이 단체의 존재가 세간의 주목을 받고 뇌리에 각인된 적은 없었다. 지난 30년 간, 한기총은 "한국기독교회를 대표하는 하는 기관"이자 "한국 사회 내 극우 보수 세력의 대명사"로 인식되었다. 분명히 수적인 측면에서 한국 교회를 대표했으며, 질적 측면에서 보수 세력을 대변했다. 하지만 지난 한 세대 동안 한기총은 안팎에서 극적 변화를 경험했다. 과연 어떤 변화를 겪었을까? 그 변화와 전광훈 목사 사이에 어떠한 관련이 있을까? 한기총의 역사를 검토함으로써 질문의 답을 찾아보자.

탄생

1988년 2월 29일, 한국기독교교회협의회(KNCC)는 제37차 총회에서 "민족의 통일과 평화에 대한 한국기독교회 선언"을 참석 회원의 만장일치로 채택했다. 이 선언은 (1) 정의와 평화를 위한 교회의 선교적 전통, (2) 민족 분단의 현실, (3) 분단과 증오에 대한 죄책 고백, (4) 민족 통일을 위한 한국 교회의 기본 원칙, (5) 남북한 정부에 대한 한국 교회의 건의, (6) 평화와 통일을 위한 한국 교회 과제로 정리되었으며, 특히 "남한의 그리스도인들은 반공 이데올로기를 종교적인 신념처럼 우상화하여 북한 공산 정권을 적개시한 나머지 북한 동포들과 우리와 이념을 달리하는 동포들을 저주하기까지 한 죄를 범했음을 고백"했다. 또한 남북한 긴장 완화와 평화 증진을 위하여 "평화 협정이 체결되고 남북한 상호 간 신뢰 회복이 확인되며, 한반도 전역에 걸친 평화와 안정이 국제적으로 보장되었을 때, 주한 미군은 철수해야 하며 주한 유엔군 사령부도 해체되어야 한다"고 제안했다.[1] 이 선언은 연인원 350명이 넘는 지도자들이 3년 동안 5차례 협의 과정을 거치고, 다양한 교단과 정당, 학자들의 자문을 통해 완성했다. "분단 반세기 동안에 남한 사회에서 민간 부분에 의해 제기된 최초의 본격적인 통일 선언으로 획기적인 역사적 의미를 지니는 계기"를 마련했다는 평가를 받았다. 하지만 이에 대한 반발도 만만치 않았다. 특히 이 교회협의회의 핵심 교단인 예장통합 총회가 이 선언을 수용하지 않은 것이다. 이어서 "공산주의로부터 자유 대한민국과 한국 교회를 지키려고"[2] 한국 교회 원로 10명이 1989년 1월 한경직 목사가 거처하는 남한산성에 모였다. 이들 중 9명이 이북 출신이었다. 이들은 교회협의회가 한국 교회를 대표할 수 없다고 판단한 후, "한국 교회를 이끌어 갈 수 있는 기관을 만들어야 한다"고 의견을 모았다.[3] 후속 조치는 일사천리로 진행되었

---

1   "민족의 통일과 평화에 대한 한국기독교회 선언"(1988년 2월 29일), 오픈아카이브, https://archives.kdemo.or.kr/isad/view/00855957.
2   한국기독교총연합회, "한기총의 반기독교언론 MBC 종교탄압, 선전 선동에 대한 성명서"(2019년 5월).
3   김수진, 『한국 기독교 총연합회 10년사』 (서울: 한국기독교총연합회 10년사 발간위원회, 2002).

극우주의의 도구: 한국기독교총연합회

다. 2월 9일 준비위원회를 구성한 후, 4월 28일 준비위원회 창립 총회를 갖고 대표 회장에 한경직 목사를 선출했다. 그리고 12월 28일 강남중앙침례교회(당회장 김충기)에 36개 교단 6개 기관 대표 121명이 모여 창립 총회를 개최했다. 이로써 한국기독교총연합회가 탄생한 것이다. 이날 발표된 '창립취지문'에서 한기총은 자신의 정체성과 사명을 다음과 같이 천명했다.

> 본 연합회는 정관이 말하듯이 신구약 성경으로 신앙 고백을 같이하는 한국의 개신교 여러 교단과 연합 기관, 그리고 건전한 교계 지도자들의 협력 기관으로서 각 교단 나름대로의 독자성을 유지하면서 시대적 사명을 충실히 감당하고자 본 연합체를 구성하는 것입니다. 그간 일부에서는 지나치리만큼 현실 정치에 참여함과 동시에 일부에서는 방관하는 부패한 정권과의 야합 등 교회 본연의 궤도에서 좌우가 이탈했던 것을 우리 모두 자성해야 할 것입니다. 이제 우리는 주님께서 한국 교회에 주신 사명에 충실하기 위하여 좌로나 우로나 치우치지 않으면서 국내의 문제와 교회 안팎의 상황에 현연히 대처하는 본래의 모습을 회복할 것이며, 한국에서뿐만 아니라 세계사 속에서 한국 교회의 위상을 정립하는 데 진력할 것을 다짐합니다.[4]

초창기에 한기총의 영향력은 상당히 제한적이었다. 기본적으

---

4   김수진, 『한국 기독교 총연합회 10년사』, 88.

로 교계의 실질적 대표자들이 아닌 원로들 중심으로 조직이 구성되었고, 회원 단체들이 책임을 다하지 않았으며, 주목할 만한 사업과 활동도 부족했기 때문이다. 이런 상황에서 한기총은 사랑의 쌀 나누기 운동, 북한 쌀 보내기 운동, 세계 도처의 난민들에게 쌀 보내기 운동, 탈북자 및 북한에 양식과 의류 보내기 운동에 주력했다. 따라서 이 시기엔 한기총이 특별한 정치색을 드러내거나, 정치 문제에 깊이 관여하는 모습은 거의 볼 수 없었다. 하지만 이후 대형교회 담임목사들이 참여하면서, 한기총은 비약적으로 발전하기 시작했다. 그들을 통해 자금과 인원이 충원되면서, 활동의 동력과 영역이 크게 강화되었기 때문이다. 동시에 한국 교회의 분열을 통해 발생한 수많은 군소 교단이 자신들의 법적, 신학적 정당성을 확보하기 위해 한기총에 대거 가입하기 시작했다. 자신의 규모와 영향력을 확장할 필요성을 절감하던 한기총도 이들을 적극 수용했다. 그 결과, 2001년 50개 교단, 16개 단체, 2010년에는 66개 교단, 19개 단체를 거느린 대형 조직으로 빠르게 성장했다.

변화

주로 구호 사업에 치중하면서 세력 확장에 집중했던 한기총은 1998년 '국민의 정부'가 출범하면서 정치적 목소리를 높이기 시작했다. 오랫동안 극우 정권과 밀월 관계를 유지해 왔던 한기총에게 진보 정권의 출현은 심각한 위기의식을 야기했다. 그동안 독점적으로 향유했던 정부의 특혜가 종식되고, 분단 이후

극우주의의 도구: 한국기독교총연합회

최초로 정부와 이념적 갈등을 시작했기 때문이다. 특별히 김대중 대통령의 일관된 햇볕정책, 분단 이후 최초의 남북정상회담과 6.29 선언(2000년)은 이런 위기감을 극대화시켰다. 이때 「월간조선」 편집장 조갑제가 자신의 홈페이지(조갑제 닷컴)에 개신교를 군대와 함께 "잘 조직된 거대한 반공 보루"로 언급했다.[5] 이에 대한 응답이었을까? 2001년 1월, "대한민국을 사랑하는 단체들 협의회"의 발족으로 보수 시민 단체들이 결합할 때, 한기총은 '과소비추방국민운동'의 핵심 단체로 참여했다. 드디어 한기총이 극우 보수 세력으로서 모습을 드러내기 시작한 것이다. 동시에, 한국 교회는 2000년부터 광림교회의 세습 문제로 홍역을 앓기 시작했다. 감리교신학대학교 총동문회와 기독교윤리실천운동 등이 강력하게 반대했음에도 광림교회는 세습을 밀어붙였다. 이런 상황에서 한기총은 성명서를 발표하여 광림교회를 지지했다. 이미 대형교회와 밀월 관계를 형성한 한기총으로서는 당연한 반응이었다. 이 과정을 통해 한기총은 대형교회의 대변자로서 자신의 정체성을 강화했다. 그리고 2002년이 시작되었다. 김성일에 따르면, 우익 진영이 2000년대에 "관주도의 수동적 참여라는 관변 단체 성격을 벗어나 사회 운동의 일반 성격을 갖춘 대중 운동으로 자신의 모습을 변화"시켰고, 그 결정적 전환점이 바로 2002년이었던 것이다.

---

5 구둘래, "기독교의 나라", 한겨레 인터넷 기사, https://h21.hani.co.kr/arti/culture/culture_general/38344.html.

2002년 일어난 일련의 사건(김동성 선수 금메달 박탈로 야기된 오노 사건과 그 진상을 파헤친 네티즌들의 활약, 노사모 신드롬과 진보 정당의 의회 진출, 월드컵 길거리 응원전, 미선이 효순이 촛불집회, 노무현 대통령 당선)의 양태는 이전의 사회 운동 혹은 대중 결집의 그것과 너무나도 달랐다. 계급, 계층, 성별, 나이, 지역 등의 사회적 구별을 초월한 폭발적 대중 참여, 정보 소통을 통한 집단 지성의 발현, 운동 단체로부터 일반 시민으로 행동 주체 이동, 다종다양하면서도 재치 있는 자기표현 양식, 모두가 하나 된 광장 문화의 창출, 정치와 놀이가 결합된 정치 집회의 출현 등은 새로운 대중의 시대의 도래를 알렸다.[6]

이런 배경에서 2003년 노무현 대통령의 참여 정부가 출범했고, 한기총은 광장으로 진출했다. 3월 1일 정오 서울 시청 앞에서 '반핵반김 자유통일 3.1절 국민대회'가 열렸고, 주최측 추산 10만 명이 참석했다. 같은 날 오후 3시 서울 여의도 한강 둔치에서 '나라와 민족을 위한 구국기도회'가 한기총 주최로 개최되어 역시 10만 명이 운집했다. 이후 참여 정부가 국가보안법폐지, 사립학교법개정, 과거사진상규명을 추진하자, "국난으로 돌입한 안보 체제의 붕괴와 끝없이 추락하는 경제와 고통받는 민생은 아랑곳하지 않고⋯ 이념 문제들로 국론 분열이 심

---

[6] 김성일, "한국 우익진영의 대응사회운동 전개와 정치과정", 문학과학 제91호, 137.

극우주의의 도구: 한국기독교총연합회

화되고 있다"며 맹렬히 비판했고, "친북, 좌익 세력을 제거시켜 주옵소서"라고 기도했다.[7] 심지어 노무현 대통령이 서거했을 때, "자살을 미화하고 민생을 혼란하게 하는 선동을 즉시 중단하라. 자기 생명을 죽이는 자살은 말 그대로 살인이며 죄악이다"라고 정죄했다.[8] 진보 정권에 대한 원한이 뼛속 깊이 사무친 것이다. 백종국의 표현처럼 "군사독재 시절이라면 상상도 할 수 없는 상황"이며, 한기총이 "KNCC가 희생적으로 추구한 민주화의 가장 큰 수혜자가 된 셈이다."[9] 하지만 2008년 이명박 대통령이 취임하자, 정부에 대한 한기총의 태도는 완전히 돌변했다. 장형철의 지적처럼 "2000년대 이후 한기총의 정치 담론은 구체적으로 개신교 보수 진영의 기득권 사수와 유지, 그리고 타종교와 비교하여 차이가 나는 정치적 이득(규제 완화와 특혜)을 얻을 수 있느냐 또는 그렇지 않느냐에 따라 달라졌다."[10] 자신과 이념적 지향이 달랐던 지난 정부들을 향해서는 거의 저주에 가까운 비난과 반대로 일관했던 한기총이 서울시장 시절 수도 서울을 하나님께 봉헌했던 이명박 장로의 선거 운동에 전력투구했으며, 그가 당선된 이후에는 최대의 정치적 후원 세력으로 협력했다. '4대강 살리기 사업'이 각계의 강

---

[7] 한국기독교총연합회, "비상구국기도회 선언문"(2004년 10월 4일).

[8] 한국기독교총연합회, "시국성명서"(2009년 6월 12일).

[9] 백종국, "한국기독교총연합회의 정치사회적 성격과 새로운 버전"(제1차 한기총 진단포럼 "한기총의 신학적 역사적 실체를 묻다"에서 발표한 글, 2009년 12월 28일).

[10] 장형철, "한국 개신교 보수 진영의 정치 담론 분석", 사회이론 2018년 봄/여름호, 115.

력한 반대에 직면했을 때, 한기총이 "오염되고 파괴된 생태계가 복원되도록 친환경적으로 추진되어야 한다는 입장에서" 이 사업을 적극 지지했던 것이 대표적 예다.[11] 이런 친정부적 태도는 박근혜 정부 시절에 한층 강화되었다. "온 국민은 박근혜 정부의 시작에 힘을 실어 주어야 한다." "박근혜 정부와 함께하는 대한민국의 변화와 개혁, 그리고 선진국의 대열에 올라서고자 하는 도전은 쉬지 않고 계속되어야 한다." "박근혜 정부가 출범한 지 일 년도 안 된 과정에 수많은 외교 정상을 만나 역대 대통령 중에 국가 신임도를 가장 높인 평가를 받을 만한 대통령으로 국민 앞에 각인되었다."[12] 21세기 용비어천가의 전형이다.

위기

김동춘은 한국 우익이 "극단적 반북 반공, 그리고 친미주의"에 함몰된 모습을 "제국주의가 되어 보지 못한 한국 우익들의 일그러진 모습"이라고 일갈했다.[13] 김지방도 한기총이 "교회에

---

11 한국기독교총연합회, "'4대강 살리기 사업'에 대한 한국기독교총연합회의 입장"(2010년 5월 25일).
12 한국기독교총연합회, "한미동맹 60주년을 넘어 세계 평화를 이룩하자"(2015년 5월 14일), "제97주년 3.1절을 맞이하여"(2016년 2월 23일), "정의구현사제단의 시국미사에 대한 한국기독교총연합회의 입장"(2013년 11월 26일).
13 김동춘, "우익 대중단체의 분위기와 그 조건", 황해문화 2014년 봄호, 82.

극우주의의 도구: 한국기독교총연합회

대한 비판(목회 세습, 대형화, 안티 기독교 등)에 맞서 교회의 이익을 지키는 방패 역할을 하면서 한국 교회 내에서 자신의 존재 가치를 과시했다"고 지적했다.[14] 이로써, 한기총은 창립시에 천명했던 것과 달리, 특정 이념과 정권, 그리고 부패한 교회에 대한 배타적 지지 세력으로 경도되고 말았다. 자연스럽게 이런 한기총의 일탈 행위에 대해, 교계 안팎에서 비판이 터져 나왔다. 2009년 12월 결성된 '한기총 개혁을 위한 기독인 네트워크'는 "한국기독교총연합회에 드리는 공개서한"을 채택했다. 이들이 지적한 한기총의 문제는 다음과 같다.

> 한기총 성명 및 핵심 목사들의 설교와 활동을 분석해 보면 십자가, 고난, 하나님 나라는 말뿐이고, 힘, 성공, 번영, 돈, 시장, 자본, 경제만 찬양하는 행태들을 노골적으로 드러낸다. 그럴 때마다 한국 교회와 많은 그리스도인들은 세상으로부터 역사의식도 없고, 시대정신도 모르는 종교 기득권자들처럼 조롱을 받아야만 했다.[15]

이런 외침에 한기총은 진지하게 반응하지 않았다. 오히려 제동장치가 고장 난 자동차처럼, 파국을 향해 돌진했다. 2010년 이광선 목사가 대표 회장에 취임한 후, 이단 연구가 4명을 제명

---

14 김지방, "한기총의 실체"(2010년 4월 13일, 서울 명동 '교회다움'에서 열린 '한기총 개혁을 위한 기독인 네트워크' 주최 토론회에서 발표한 글).

15 한기총 개혁을 위한 기독인네트워크, "한국기독교총연합회에 드리는 공개서한"(2009년 12월 28일).

하고 오히려 그동안 이단으로 규정되었던 장재형(크리스천투데이 설립자)에게 무혐의 결정을 내렸다. 다락방(류광수)과 평강제일교회(박윤식), 인터콥(최바울), 그리고 사기 전과가 있는 신현옥(시온세계선교교회)도 이때 한기총에 가입했다. 2011년에는 사무총장이 성락교회 김기동 측으로부터 1억 7천만 원을 받아서 큰 논란이 일어났다. 전국 신학대 교수 110명이 한기총을 규탄하는 성명을 발표했다. 심지어, 같은 해 대표 회장 금권선거 논란도 시작되었다. 일부 목사들이 당시 대표 회장 길자연 목사의 금권선거를 폭로한 것이다. 직전 대표 회장이었던 이광선 목사도 "돈을 안 썼을 때는 대표 회장에 떨어졌는데, 돈을 쓰니까 대표 회장에 당선되더라"고 고백했다.[16] 결국, 대표 회장의 직무가 정지되고 법원이 파견한 직무 대행 체제에서 개혁안(7.7 개혁정관)이 마련되었다. 하지만 길 목사의 측근 홍재철 목사가 실행 위원회를 열어 이것을 폐기하고, 얼마 후 단독 입후보하여 대표 회장에 당선되었다.

이 같은 일련의 파행은 결국 한기총의 추락으로 이어졌다. 손봉호 교수가 2월 17일 「시사저널」과의 인터뷰에서 "한기총은 개혁이 불가능하다"고 진단한 후 "해체 운동에 나서겠다"고 밝혔다.[17] 이어서 '한기총 개혁을 위한 기독인 네트워크'가 '한기총 해체를 위한 기독인 네트워크'로 이름을 변경하고, 본

---

16 김진영, "이광선 목사의 금권선거 양심선언 기자회견문 전문", 기독일보(2011년 2월 9일).
17 안성모, "한국교회, 개신교 역사상 가장 타락했다", 시사저널(2011년 2월 21일).

극우주의의 도구: 한국기독교총연합회

격적으로 한기총 해체 운동을 시작했다. 이들도 "한기총이 자정 능력을 완전히 상실했음을 확인했다"며 "한기총이 역사적 수명을 다하였음을 인정하고 해체하기를 촉구"했다.[18] 이런 비판과 저항에도 불구하고, 한기총은 반성이나 변화를 모색하지 않았다. 결국, 한기총 내부에서 별도의 비대위를 조직했던 예장통합, 백석, 대신, 합신, 예성, 기하성 등이 탈퇴하여 2012년 3월 29일 '한국 교회연합'을 창립했다. 2013년에는 한기총의 최대 교단이었던 예장합동과 고신마저 탈퇴를 결정함으로써, 한기총은 군소 교단들의 연합체로 전락하고 말았다. 흥미로운 것은 이런 상황에서 2016년부터 이단 교회 신천지예수교증거장막성전도 한기총 해체 운동에 나선 것이다. 이들은 전국에서 "CBS 폐쇄, 한기총 해체"라는 문구가 적힌 플래카드를 내걸고, 한기총의 과거 금권선거 내용이 담긴 전단지를 일반인들에게 배포했다. 이들은 "과거 한기총 이단사이비대책위원회에 참여했던 목사들이 지금도 신천지를 매도하고 있다"면서 한기총에게 분풀이를 시작한 것이다.[19]

---

18 이대웅, "한기총 건물 앞에서 '한기총 해체' 기자회견 개최", 크리스천투데이 인터넷 기사, https://www.christiantoday.co.kr/news/245243.

19 이용필, "'한기총 해체, CBS 폐쇄' 거리로 나온 신천지", 뉴스앤조이 인터넷 기사, https://www.newsnjoy.or.kr/news/articleView.html?idxno=202909.

종말(?)

파국으로 치닫던 한기총은 한교연과의 재결합을 통해 세력을 만회하려 했다. 하지만 통합 직전에 이단 문제가 발목을 잡으면서 거듭 좌절되고 말았다. 이런 와중에, 맹목적으로 추종했던 박근혜 대통령이 촛불 혁명으로 하야하고, 진보적 성향의 문재인 정부가 들어섰다. 문 대통령은 국민들의 절대적 지지 속에 김정은 국방위원장과 정상회담을 성사시킴으로써 한반도에서 핵전쟁의 위협을 극복하고 평화의 시대를 열기 위해 분투했다. 반면, 박근혜 대통령의 구속으로 수구 세력은 해방 이후 최대의 존재론적 위기에 직면했다. 이것은 반공, 친미, 재벌을 매개로 박근혜 정권과 유착 관계를 유지했던 한기총에게도 절체절명의 위기였다.

이런 상황에서, 2019년 1월 29일에 전광훈 목사(사랑제일교회/청교도영성훈련원)가 한기총의 대표 회장으로 당선되었다. 대표적 극우주의자 전 목사는 예상대로 취임과 함께 파격적 행보를 이어 갔다. 전 목사는 3월 9일에 이단대책위원회를 소집하여 한국의 주요 교단들이 이단으로 규정한 변승우(사랑하는교회)를 이단에서 해제했고, 변 목사가 세운 예장부흥총회의 한기총 가입도 허락했다. 그리고 4월 8일에 긴급임원회를 열어 그를 공동회장에 임명했다. 이로써 변 목사는 한 달 사이에 주요 이단에서 한기총 공동회장으로 신분이 세탁되었다. 이후 전 목사는 자유한국당 황교안 대표와 만나 자유한국당의 총선 승리를 공공연히 지지했고, 5월의 한 설교 시간에는 황교안 대표가 자신에게 장관직을 제안했다면서, "내년 총선에서 빨

갱이 국회의원들을 다 쳐내 버려야 한다"고 발언했다.[20]

6월 3일, 한기총 내에서 자신의 정치적 행보를 비판하는 '한기총 정상화를 위한 임원 및 회원 교단장 비상대책위원회' 소속 5명에 대한 자격 정지를 결정하면서 내부의 반대 세력을 정리했다. 그리고 6월 5일, 마침내 그와 한기총은 문재인 대통령에게 연말까지 하야하라고 촉구하는 시국선언을 발표했다. 이 선언문은 "문재인 정권은 그들이 추구하는 주체사상을 종교적 신념의 경지로 만들어 청와대를 점령했다. 검찰, 경찰, 기무사, 국정원, 군대, 법원, 언론 심지어 우파 시민 단체까지 완전 점령해 그들의 목적을 향해 달려가고 있다"고 주장했다.[21]

이 선언문은 즉각 정부와 정당, 교계의 다양한 영역에서 강력한 반발을 불러왔다. 다음 날인 6월 6일, 여야 4당은 전 목사에게 "망언을 중단하라"는 비판 성명을 발표했다.[22] 6월 7일에는 기윤실에서 성명을 발표하여 한기총의 한국 교회 대표성을 부정하고, "극단적인 정치 이념 단체로 변질된 지 오래되었다"고 비판했다.[23] 이어서 한국기독교교회협의회(10일), 박종

---

[20] 민일성, "전광훈 '황교안, 장관직 제안…총선서 빨갱이 다 쳐내야'", 고발뉴스 인터넷 기사, http://www.gobalnews.com/news/articleView.html?idxno=27699.

[21] 한국기독교총연합회, "한국기독교총연합회 시국선언문"(2009년 6월 5일).

[22] 최승현, "여야 4당, '문재인 하야' 주장한 전광훈 목사에게 '망언 중단하라'", 뉴스앤조이 인터넷 기사, https://www.newsnjoy.or.kr/news/articleView.html?idxno=223884.

[23] 기독교윤리실천운동, "한기총은 한국교회를 대표하는 조직이 아닙

화 목사(경동교회원로)를 포함한 개신교계 원로들(18일), 건강한작은교회연합 등 8개 단체(21일)가 연속적으로 전 목사와 한기총을 성토하는 성명서를 발표했다. 그리고 기하성이 행정 보류를 결의했으며, CCC(한국대학생선교회)가 한기총에서 공식적으로 탈퇴했다. 하지만 이런 상황에서 전 목사와 한기총은 더욱 강경한 목소리로 자신들의 행위를 변호하고, 문재인 정부와 비판 세력을 맹렬히 비난했다. 당시 뉴스앤조이의 분석에 의하면, 2019년 1월, 한기총에 77개 교단이 참여하고 있지만 행정 및 가입 보류된 교단을 제외하면 소속 교단은 63개였다. 하지만 예장합동, 통합, 기성, 예성, 기하성 같은 한국의 대표 교단들이 모두 빠져 있기 때문에, "작게 잡아도 한국 교회 70% 이상은 한기총과 관련이 없다."[24] 따라서 한기총은 어떤 의미에서도 한국 교회를 대표하는 단체가 아니다. 한기총의 장래 운명은 더욱 불안하고 불투명하다. 극단적인 극우적 행보와 무분별한 이단 해제가 한기총의 종말을 촉진하고 있음에 틀림없다.

한기총의 극우화

한기총은 태생적으로 극우적 특성을 가질 수밖에 없었다. 초창기에는 그런 성향을 노골적으로 드러내지 않았다. 하지만 보수

니다"(2019년 6월 7일).
24 이용필, 최승현, "한국교회 대표하는 한기총? 가입 교단 면면 살펴보니", 뉴스앤조이 인터넷 기사, https://www.newsnjoy.or.kr/news/articleView.html?idxno=223601.

극우주의의 도구: 한국기독교총연합회

정권 및 대형교회와는 밀월 관계를 유지한 반면, 진보적 정권 및 교회와는 적대 관계를 유지한 결과, 그런 성향이 꾸준히 강화될 수밖에 없었다. 한동안 효과적 대중 운동과 적극적 확장 노력을 통해 세력과 규모가 크게 확대되면서, 한기총은 한국 교회와 사회 모두에게 강력한 영향력을 행사했다. 하지만 권력과 부에 집착하고, 도덕적 감수성이 부족하며, 특정 이념과 정권을 배타적으로 추종한 결과, 한기총은 종교로서 너무 쉽게 본질을 상실하고 빠르게 부패했다. 결국, 잠시 동안 성공에 취해 있는 동안 내부의 부패와 분열로 몰락하기 시작한 것이다. 동시에 특정 이념 및 정권과 유착 관계를 유지한 결과, 정치적 환경이 돌변하자 이성과 판단력을 상실하면서 급격하게 수구 세력으로 퇴화했다. 정교 분리 사회에서 종교의 적절한 자리를 확보하지 못했고, 종교로서 예언자적 기능과 제사장적 기능도 균형 있게 수행하지 못했다. 또한 한국 교회를 대표하는 연합 기관으로서 자신의 공적 책임도 제대로 수행하지 못했다. 장차 한기총의 운명은 어떻게 될 것인가?

6장

극우주의의 중심: 전광훈

팔레스타인에서 발생한 기독교는 아라비아 반도와 지중해 연안, 북해 지역과 동유럽으로 확장되면서 다양하고 복잡하게 진화했다. 그 과정에서 '이교에 물든 기독교'와 '뒤틀린 기독교'가 출현했지만, 역사적, 문화적 실체로서 기독교에겐 불가피한 현상이었다. 당연히 이 과정에서 발생한 신학적 차이가 갈등과 분열의 원인이 되었다. 그 차이를 대화와 타협으로 극복할 수 없을 경우, 힘의 차이에 따라 정통과 이단이 결정되었다. 그래서 억울한 이단이 탄생하기도 했고, 정치적 역학 관계의 변화에 따라 정통과 이단이 역전되는 희극적 상황도 발생했다. 그래서 정통과 이단의 틀로 교회를 이해하는 것은 부적절한 경우가 적지 않다.

하지만 우리는 인간의 보편적 상식과 도덕, 시대정신에 따라 선과 악, 진리와 거짓을 분별해야 한다. 그런 목적으로 우리는 학문을 연마하고 종교에 귀의한다. 특히 이 땅의 그리스도인들은 자신을 부인하고 십자가를 짐으로써 인류를 구원하시고, 이 땅에 평화와 정의의 세상을 시작하신 예수 그리스도를 기준으로 정통과 이단을 구별한다. 그래야 이 땅에 정의가 강물처럼, 공의가 하수처럼 흐르기 때문이다. 이런 관점에서 최근에 '뜨거운 감자'로 부상한 전광훈에 대해 살펴보자. 그는 '시대의 예언자'인가 아니면 '희대의 이단자'인가?

전광훈에 대한 평가들

전광훈 목사가 관심의 대상인 이유는 그가 극우적 정치 세력의 선봉에 서서 대중적 관심의 중심에 서 있기 때문만은 아니다. 물론, 그에 대한 사회적 관심과 그의 정치적 영향력이 미미했다면, 그는 결코 이 글의 관심과 주제가 될 수 없었을 것이다. 하지만 이런 요인들과 함께 그가 기독교인이며 목사라는 사실 때문에, 우리는 그에게 주목하지 않을 수 없다. 특히 그의 영향이 정치적 영역을 넘어, 한국 교회 전체로 빠르게 확산되고 있기 때문에 '전광훈 현상'을 종교적, 신학적 차원에서 검토해야 한다. 싫어도 어쩔 수 없다.

그렇다면 한국 교회와 사회는 전광훈 목사를 어떻게 평가하고 있을까? 그에 대한 평가는 대체로 두 부류로 나뉜다. 먼저 전광훈의 열렬한 지지자들이 존재한다. 그가 설립한 사랑제일교회와 청교도영성훈련원, 그가 주도하는 한국기독교총연합회, '문재인하야범국민투쟁본부', 그리고 '자유통일당'과 '광야교회'는 전광훈 목사의 절대적 추종자들이자 견고한 지지 기반이다. 국회의원 안상수는 전광훈 목사를 "모세의 지도력, 솔로몬의 지혜, 다윗의 용기를 가진 사람"이라고 격찬했다. 반면, 그를 비판하는 목소리도 거세고 광범위하다. 2019년 10월 30일에 발표된 (사)한국기독교사회문제연구원의 '2019 주요 사회 현안에 대한 기독교인의 인식 조사'에 따르면, 응답자 64.4%가 "전광훈 목사는 한국 교회를 대표하지도 않고, 기독교 위상을 심각하게 훼손하고 있다"고 응답했으며, 22%가 우려를 표했다. 한편, 교계 각층에서 그를 비판하는 성명서와 호소문이 발표되었다. 한국기독교교회협의회, 개신교 원로들, 8개 교단의 이단사이비대책위원장협의회가 성명서나 호소문을 발표했는데, 이들은 한목소리로 전광훈의 언행이 반성경적, 반복음적, 비신학적, 비신앙적, 비지성적이라고 성토했다. 그 외에도 다수의 (신)학자, 목회자, 정치인, 기자들이 전광훈 목사를 "기독교와 아무 관련이 없는 사람"(양희삼), "막된 인간 말종"(지용길), "'빤스'를 입에 물고서 자칭 '선지자'요 '사도'라 일컫는 전광훈 목사"(서명원)라고 명명했으며, "온전한 정신이 있는지 의심스럽다"(박원순), "나는 전광훈이 목사인지 정치꾼인지 의심스럽다"(박철수)고 평가했다. 전광훈 목사 안에서 "전형적인 이단들의 수법"이 보인다(김성한)고 진단한 의견도 있었다. 심지어 "목회자로서 해서는 안 될 언행을 서슴없이 자행하고 있다.… 기독교의 근간을 신성모독, 반종교적 망언"이라며 전광훈 목사 구속과 한기총 해체를 촉구하는 청와대 국민 청원 글에 동의한 서명자 수가 일주일 만에 20만 명을 돌파했다.

전광훈은 누구인가?

전광훈은 1954년 경남 의성에서 출생했다. 광운전자공업고등학교를 졸업한 후 부흥사로 활동을 시작했으며 청파동의 대한신학교를 다녔다. 하지만 이 학교를 마치지 못하고 당산동의 대한신학교 야간 학부로 옮겨 공부하고 졸업했다. 1983년, 전도사 시절 사랑제일교회를 개척했으며, 1998년에는 청교도영성훈련원을 설립하고 원장으로 활동했다. 특히 청교도영성훈련원 총재였던 김홍도 목사의 금란교회에서 수차례 청교도영성수련회를 인도하면서 부흥사로 이름을 알렸다. 2007년, 한나라당에 입당하면서 정치에 입문했고, 기독사랑실천당

(2008), 기독자유민주당(2011), 기독자유당(2016) 등의 창당에 깊이 관여했다. 2020년, 기독자유당에 복당했는데, 그 후에 당명이 국민혁명당(2021), 자유통일당(2022)으로 변경되었다.

대한예수교장로회(대신) 소속으로 오랫동안 활동했지만, 예장 대신과 예장 백석의 통합을 무리하게 추진하다 교단 분열이 발생했다. 전광훈은 예장 백석대신으로 이적했지만, 2019년 면직 및 제명을 당했고, 스스로 예장 대신복원을 창립했다. 하지만 학력 위조와 목사 안수 유무에 대한 논란이 지금까지 지속되고 있다. 2019년 1월, 그는 한국기독교총연합회 회장직에 당선되었다. 그해 여름, 한기총 목사들과 함께 청와대 사랑채 근처에서 시국 단식 기도회를 열었으며, 9월에는 '문재인하야범국민투쟁본부'를 출범시키고 반문재인 집회를 이어 갔다. 2020년부터 지금까지 전국 각지를 돌며 애국 집회를 열고 있다.

2020년 5월 18일, 전광훈의 한기총 대표 회장 직무가 정지되었으며, 2024년 사랑제일교회 담임목사 직에서 물러났다. 그동안 『이승만의 분노』와 『전광훈 목사의 옥중서신』을 출간했으며, 현재는 극우 성향의 유튜브 채널, '전광훈 TV'를 운영하면서, 사랑제일교회 고문, 자유통일당 명예고문, 대한민국 바로세우기국민운동본부 의장으로 활동 중이다.

전광훈의 이단적 행보

전광훈 목사는 수많은 예배 설교, 강연, 연설에서 신학적 허용의 범주를 넘어서는 위험한 발언을 수없이 반복해 왔다. 그는 자신의 발언을 문제 삼는 이들에게, 전체 맥락 안에서 이해해야 하며, 기독교, 특히 기독교 예배와 집회의 고유한 특성을 고려해야 한다고 변명하지만, 그의 발언 중에는 신학적으로 매우 위험하고 불온한 경우가 비일비재하다. 몇 가지 예만 열거해 보자.

성령은 1년에 50km씩 이동한다. 이것은 통성기도를 들어보면 안다. 지금은 중국 내륙을 통과하고 있다.

내 강의 앞에 여러분의 이론과 신학은 없어져야 성령을 받는다.

암병이 와서 옥옥. 하나님이 살아 있으면 어떻게 이렇게 해요. 그럼 주님이 뭐라는지 알아요? 이 개 같은 년아 너가 내 옆에 온다는데 뭘 그렇게 그렇게 난리 발작을 떨고 난리야.

새벽 한시 두시 사이인데. 깜빡 내가 드디어 하늘나라를 가게 된 거야. 입신을 하게 된 거야. 할렐루야… 야~ 하늘의 하나님이 말이야 딱 전 우주가 다 짐승으로 됐는데, 대한민국만 빛으로 된 거야. 빛으로.

심지어, 전광훈 목사는 한국의 주요 교단들이 과도한 신비주의적 성향 때문에 이단성이 있다고 결론 내린 변승우 목사(사랑하는교회)를 한기총에 가입시키고 이단에서 해제시켰다. 오히려 변 목사가 돈을 노린 이단 감별사들의 희생양이며, "이단성이 없다. 이단이 아니라 참단(교회)이다. 앞으로 내가 할 일의 90%를 대신할 것"이라고 적극 옹호했다.

둘째, 전광훈 목사는 자신을 우상화하고 신성모독적 발언을 거침없이 토해 낸다. 위험 수위가 이미 한계를 크게 벗어났다.

우리 교회 성도들은 목사인 나를 위해 죽으려는 자가 70% 이상이다. 내가 손가락 1개를 펴고 5개 하면 다 5개라 한다.… 어떤 의미에서 목사는 교인들에게 '교주'가 되어야 한다.

어떤 목사는 자신의 사역에 영성이 떨어져 고민하던 중 내 사진을 강대상 의자에 붙여 놓고 볼 때마다 기도했더니 성령이 나타났다. 새벽기도 시간에 제일 먼저 나를 위해 기도하라. 성령이 나타날 것이다.

광장에 안 나오는 분들은 생명책에서 이름 지우겠다.

나는 하나님 보좌를 딱 잡고 살아. 하나님 꼼짝 마. 하나님 까불면 나한테 죽어. 내가 이렇게 하나님하고 친하단 말이야. 친해.

셋째, 전광훈 목사는 목회자로서 차마 입에 담을 수 없는 욕설, 비속어, 저속한 표현을 거리낌 없이 공개적으로 남발한다. 정치적 대중 집회와 예배 설교 시간을 가리지 않고, 대통령들에 대한 욕설뿐 아니라, 교인들, 특히 여성 교인들을 향한 저속한 성적 표현과 욕설이 난무한다.

극우주의의 중심: 전광훈

이 성도가 내 성도됐는지 알아보려면 두 가지 방법이 있다. 옛날에 쓰던 방법 중 하나는 젊은 여 집사에게 빤스 내려라. 한번 자고 싶다 해보고 그대로 하면 내 성도요, 거절하면 똥이다. 또, 하나는 인감 증명을 끊어 오라고 해서 아무 말 없이 가져오면 내 성도요, 어디 쓰려는지 물어보면 아니다.

내가 여러분 약 올려 볼 테니까 여러분이 어떤 반응하는지 봐요. 야 이 개 같은 년들아. 개새끼들아. 이 뒤질 넘들. 그럼 여러분은 어떻게 반응해야 돼?

[오마이뉴스]! 야, 이 개새끼들아. 니네들이 언론이야? 가만히 안 둬!

김대중 대통령, 저놈, 저 거짓말쟁이야.

노무현, 야 이 개새끼야.

넷째, 전광훈 목사는 공개 석상에서 유언비어와 거짓말을 수없이 유포했고, 수차례 법을 어겨 구속되거나 벌금을 물었으며, 심지어 그의 신학 수업과 목사 안수 자체도 의혹으로 가득하다. 온통 거짓과 불법이다. 한 기도회에서 "전교조 안에 성을 공유하는 사람이 만 명이 있다. 전교조 결사대 365만 명이 수업 시간마다 6.25를 북침이라고 가르치고 있다"고 허위 사실을 유포했다가, 2012년 8월 13일 약식 재판을 통해 벌금 509만원을 선고받았다. 제19대 대통령 선거 기간 중에는 당시 국민대통합당 장성민 후보를 지지하는 내용의 단체 메시지를 전달했다가 공직선거법위반혐의로 1심에서 징역 10개월, 2심에서 징역 6개월과 집행유예 2년이 선고되었다. 그리고 2020년 2월 24일에는 다시 한번 공직선거법 위반 등 혐의로 구속되었다가 56일 만에 보석으로 풀려났다. 뿐만 아니라, 전광훈 목사가 속했던 '대한예수교장로회 대신'에서 목사가 되려면 4년제 학력 인정 각종 학교인 대한신학교를 졸업해야 했지만, 그가 대한신학교에서 공부했던 흔적이 없으며, 2014년 대한예수교장로회 대신 총회장 선거 출마 때 제출한 최종 학력 증명 서류에서 위조된 정황도 드러났다.

다섯째, 전광훈 목사는 끊임없이 돈과 권력을 탐하고 있다. 그는 2008년부터 기독교 정당을 창당하며 현실 정치에 뛰어들었다. 지난 총선 전후에도 기독자유통일당 배후에서 막대한 영향력을 행사했다. 황교안 대표와 밀접한 관계를 유지하며 광화문에서 문재인 대통령 하야 운동을 주도하고, 박근혜 전 대통령의 탄핵 이후 붕괴된 극우 진영의 구원 투수로 맹활약했다. 예배 시간에 황 대표로부터 장관직을 제안 받았다고 밝힐 정도로, 극우 정치권 내부에서 강력한 입지를 구축한 것이다. 뿐만 아니라, 그는 청교도란 이름을 내세워 각종 사업(청교도 카드, 청교도 보험, 청교도 인터넷, 청교도 핸드폰 등)을 시작했다. 선교 은행과 한기총이 협력하여 한국 교회를 20만 개 이상으로 확대하겠다는 공수표를 날렸으며, 3조 원 규모의 세계선교센터를 건축하여 매주 200억 원의 순수익을 내서 청교도들에게 나눠 주겠다는 약속도 했다. 같은 해, 그는 변승우 목사의 한기총 가입을 허락하고 이단을 해제하는 과정에서 5억 원 안팎의 돈을 받았다는 혐의로 수사를 받았다. 심지어 그가 목회하는 사랑제일교회는 장위뉴타운 10구역으로 지정되어 서울시토지수용위원회가 82억 원을 책정했으나, 교회 측이 563억 원을 요구하며 퇴거를 거부하기도 했다.

끝으로 전광훈의 이런 일탈과 파행은 한국 교회에 매우 부정적 영향을 끼치고 있다. 무엇보다 전광훈 목사의 사랑제일교회가 극우 정치 집단, 불법 집단, 사이비 집단으로 변질되었다. 특히 최근에는 COVID-19의 확산을 저지하려는 정부의 노력과 권고 조치를 무시하고 예배를 강행했으며, 취재진과 경찰에게 욕설과 폭행을 행사하여 전원 집시법위반으로 고발되었다. 또한 그의 집회는 한국 교회의 목회자들과 교회에 치명적 악영향을 끼치고 있다. 어느 제보자에 따르면, 자신의 교회 담임목사가 매우 소박한 분이셨는데 전광훈 목사를 추종하면서 급변했다고 한다. "전에는 정말 소박했던 분이 변하여 부흥사가 되는 게 꿈이라며 강단에서 설교하실 때도 반말을 많이 섞어 하시고 금요철야기도회 때는 매주 안수를 하시고." 결국, 그의 이단적 발언과 극우적 행태는 이단, 심지어 북한마저 한국 교회를 비난하고 조롱하는 빌미를 제공하고 말았다. 예를 들어, 이단인 신천지예수교회는 '신성모독 전광훈 목사 규탄 성명'을 발표하여, "이는 자신의 권세를 위해 종교를 이용하는 이단, 사이비적 사상이자 하나님을 대적하는 것이다"라고 비판했고, 북한의 대남선전매체「우리민족끼리」는 전광훈에 대해 "이자로 말하면 그리스도계는 물론 사회 각계의 비난을 받고 있는 미치광이다"라며 조롱을 했다.

글을 마치며: 전광훈, 그가 이단이 아니라면 누가 이단인가!

이상의 행보와 동시대인들의 평가를 고려할 때, 나는 전광훈 목사를 같은 예수 그리스도를 믿고 따르는 동료 기독교인으로 인정할 수 없다. 그의 설교와 강연에서 드러난 그의 신앙과 신학은 성경과 기독교 전통의 범주를 크게 벗어났으며, 그의 천박한 막말과 무책임한 유언비어는 목회자의 지위를 떠나 인간으로서 최소한의 예의와 교양에도 미치지 못하며, 권력과 돈에 대한 탐욕, 국가의 기본 질서와 법마저 부정하는 불법적 행동과 선동, 그로 인한 복음과 교회의 가치 손상, 무엇보다 자신을 우상화하는 일련의 행동과 현상은 더 이상 그를 목사나 기독교인으로 용납할 수 없는 지경이다. 따라서 나는 전광훈을 한국 기독교의 치명적 이단으로 규정하며, 한국 교회를 걱정하는 이들, 그리고 한국 교회를 이끄는 분들이 이 문제를 엄중하고 책임 있게 다루어 주시길 강력히 요청한다. 한국 교회가 전광훈과 결별하지 않는다면, 동시에 그의 만행을 차단하지 않는다면, 그 피해와 악영향은 고스란히 평범한 교인들과 시민들이 감당하게 될 것이다.

"그러나 우리나 혹은 하늘로부터 온 천사라도
우리가 너희에게 전한 복음 외에 다른 복음을 전하면
저주를 받을지어다."
갈라디아서 1:8

결론

출구는 없을까?

21세기 대한민국에서 비상계엄 선포라는 초유의 사태를 겪고, 그 이후 전개된 불안하고 혼란스러운 과정에서 한국 개신교는 극우의 아성으로 급부상했다. 물론, 한국 사회와 교회 안에 극우 세력은 항상 존재했지만, 그 실체가 이처럼 적나라하게 드러난 것은 근래에 보기 드문 일이다. 한국의 민주 시민들은 계엄과 내란의 위기를 용감하고 슬기롭게 극복했다. 하지만 반민주적 극우 세력으로 노출된 한국 개신교는 앞으로 어떻게 될 것인가? 교회 밖의 비난과 외면, 교회 안의 분열과 갈등에 어떻게 대응하고 해법을 찾을 수 있을까? 한국 개신교가 이념적으로 분열된 한국 사회에서 통합과 치유의 종교로 기능하며 존재하기 위해, 오랫동안 인내하며 풀어야 할 지난한 과제가 산더미다. 물론, 한순간에 모든 문제를 해결할 만병통치약은 없다. 그럼에도 이 어려운 문제를 풀어 가기 위해 기억해야 할 기본 원칙은 있다. 이제 이 원칙들을 제시하면서 이 책을 마무리하고자 한다.

첫째, 합리적 방식으로 세상과 진리를 논하라.

기독교는 지난 2000년 동안 시대와 환경의 변화에 탁월하게 적응, 변모하며 역사를 형성해 왔다. 그 일이 가능했던 것은 기독교와 성경이 전하는 보편적 진리 때문이다. 동시에 팔레스타인에서 소아시아, 서유럽, 발칸반도, 북유럽, 아프리카, 아메리카, 동아시아로 선교 영역이 지속 확장되고, 이슬람, 조로아스터교, 불교, 힌두교, 유교, 무속과 만나면서, 심지어 계몽주의, 사회주의, 파시즘, 과학 혁명, 산업 혁명을 경험하면서 기독교는 시대적 도전과 요청에 창조적으로 대응하며 지금까지 생명

결론

을 이어 올 수 있었다. 보편적 진리로서 자신의 가치를 능동적으로 입증해 온 것이다.

이런 맥락에서 한국 교회는 자신이 처한 상황을 정확하게 판단하고 적절하게 행동해야 한다. 무엇보다 현재 우리의 삶을 구성하고 지배하는 학문과 지성의 가치를 존중하고, 그 속에서 자신의 존재 가치를 입증해야 한다. 물론 한국 교회는 어떤 상황에서도 신비, 초월, 영성, 계시, 믿음 같은 기독교의 고유한 개념과 핵심적 교리를 포기할 수 없다. 성경의 권위와 가치를 부정할 수도 없다. 하지만 이런 것들이 과학과 철학, 이성과 경험, 인권과 민주, 자유와 평등, 정치와 경제, 개인과 공동체 등을 외면하거나 부정하는 방식으로 유지, 정당화될 수는 없다. 이 땅에서 생육하고 번성하는 것이 창조 명령이고, 땅끝까지 복음을 전하여 제자를 삼는 것이 지상 명령이라면, 그런 명령은 현실에 대한 수도원적 회피나 십자군식 공격이 아니라, 진지한 대화, 성실한 연구, 공정한 경쟁을 통해서만 성취될 수 있다. 그러기 위해선, 한국 교회가 이 시대의 언어와 정신, 사유 및 생활 방식을 익혀야 한다. 그리고 세상과 거리낌 없이 대화하고 소통해야 한다. 그것이 우리의 구체적 삶에서 책임 있게 예수의 성육신적 신앙을 실천하고, 바울의 선교적 삶을 적용하는 길이다.

변화된 현실에서 자신의 자리를 인정하라.
근본주의는 상황의 변화를 두려워하며 거부한다. 특히 자신이 오랫동안 향유했던 특권적 지위가 흔들릴 때, 자신을 위협하는 세력을 향해 본능적으로 전투적인 공격성을 노출하며 자기방어에 총력을 기울인다. 하지만 세상은 변한다. 그래서 세상이다. 교회사는 이렇게 끊임없이 변하는 시공간에서 어떻게 교회가 적응하며 생존했는지에 대한 역사적 기록이다. 기독교는 끊임없이 새로운 지역으로 확장하고 그곳의 낯선 환경에 적합한 교회를 세웠다. 시리아어를 쓰는 지역에서, 그리스어와 라틴어, 후에는 슬라브어 지역으로 이동하며 그 문화와 복음이 결합된 새로운 '기독교들'이 탄생했다. 메소포타미아 문명과 그리스-로마 문명, 중국과 인도 문명을 만났을 때도, 신자들은 그 안에서 성경과 교리를 재해석하며 자신만의 조직을 새로 구성하고 예배당을 신축했다. 그리스-로마 철학을 만났을 때, 이슬람과 바이킹, 몽고인이 침입했을 때, 아리스토텔레스, 르네상스, 계몽주의, 자유주의의 거친 파도 앞에서, 심지어 기독교 내의 부패와 타락에 직면할 때마다 교회는 때로는 개방적, 실험적 신학 연구로, 때로는 엄격하고 철저한 영적 수련으로, 때로는 용감하고 진취적인 개혁 운동으로 새로운 대안과 해법을 찾아냈다.

한국 교회의 역사도 마찬가지다. 서세동점西勢東漸 시대에 주자학과 무속 대신 기독교를 선택한 사람들이 한국 교회의 첫 세대였다. 이후 일제강점기, 해방과 분단, 독재와 민주화 시대를 통과하면서 끊임없이 새로 선택하고 적응하며 지금까지 살아왔다. 비록, 근본주의자들이 수구적 태도를 고집해 왔지만, 그것도 변화된 환경에서 선택해야 했던 나름의 불가피한 생존 방식이었다. 따라서 근본주의자들을 포함한 한국 교회 전체는 급변하는 21세기 한국 사회에서 다시 한번 현실을 정직하게 인지하고 현명한 선택을 해야 한다. 이미 냉전과 이념의 시대는

결론

막을 내렸다. 우익 정부와의 밀월 관계도 끝났다. 폭발적인 교세 성장의 시대도 지나갔다. 성경이 모든 문제의 답을 제공하고 교회와 성직자가 사회에서 존경받던 시절도 이미 옛 이야기다. 한국 교회는 빠르게 축소되는 교세와 영향력을 솔직하게 인정하고, 변화된 현실에서 긍정적 기능을 수행하기 위해 최선의 방법을 찾아야 한다. 근본주의자들은 극단적으로 싫어하겠지만, '적자생존의 법칙'은 종교와 문화라고 예외일 수 없다. 자연법칙이기 때문이다. 한때 융성했으나 지금은 거의 존재감을 상실한 동학, 대종교, 전도관의 운명을 한국 교회는 반면교사로 삼아야 한다. 변화된 환경에 적절히 적응하지 않으면 멸종을 피할 수 없기 때문이다.

자기를 부정하고 이웃을 사랑하라.
세상은 수많은 이유로 다양하게 분화되어 대립과 갈등을 반복해 왔다. 토마스 홉스Thomas Hobbes의 유명한 표현처럼, 인류 역사는 '만인 대 만인의 투쟁'의 역사다. 인종과 민족의 차이에 따라 정복과 억압이 멈추지 않았으며, 계급과 이념, 지역, 세대, 성 등의 차이로 사회는 늘 분열과 갈등에 휩싸였다. 뿐만 아니라, 이런 갈등과 분열을 치유하고 상생과 공존을 실현하기 위해 출현한 종교마저 또 다른 대립과 다툼의 원인, 혹은 촉매로 기능해 왔다. 안타까운 아이러니지만 엄연한 사실이다. 특히 다원화된 사회에서 종교는 사회를 구성하는 수많은 이익 집단의 하나로 전락하여, 자신의 이익을 보존하거나 극대화하기 위해 다른 이익 집단들과 경쟁하며, 사회적 통합 대신 분열과 갈등의 요인으로 작동하고 있다.

출구는 없을까?

기본적으로 한국 사회는 끊임없이 양자 선택의 극단적 환경에 놓여 있었다. 남과 북, 영남과 호남, 강남과 강북, 서울과 지방, 좌파와 우파, 여당과 야당, 부자와 빈자, 사장과 노동자, 진보와 보수. 이런 상황에서 한국 교회, 특히 근본주의자들은 자신에게 주어진 보편적 가치에 주목함으로써 이익과 권리를 추구하는 자리에서 화해와 섬김의 자리로 신속히 이동해야 한다. 더 이상 이런 편향적 선택과 당파적 지지를 반복해선 안 된다. 물론 쉬운 일은 아니다. 그럼에도 한국 교회는 '양자택일'의 장이 아니라 '상호공존'의 장으로, 현실적 이유로 분열과 대립을 정당화하는 '값싼 종교'가 아니라 초월적 가치 때문에 화해와 상생을 실험하는 '참된 교회'로 성장해야 한다. '다름'을 '틀림'으로 규정하고 타자에 대한 배제와 혐오로 자기정당성을 추구하는 대신, '다름'에도 불구하고 겸손하게 타인을 존중하고 섬김으로써 더불어 사는 하나님 나라를 추구해야 한다. 겸손한 섬김이 제자도의 핵심이며 하나님 나라의 지름길이기 때문이다.

진정한 영성을 추구하라.

세속화의 확산은 사회에서 종교의 자리와 가치를 지속적으로 축소시켰다. 이런 현실은 종교의 가치를 부정하는 입장, 종교에 대한 맹목적 광신을 부추기는 입장, 혹은 그사이에서 길을 잃은 정체불명의 다양한 입장을 양산했다. 이런 상황에서, 종교의 본질과 기능에 대한 무수한 연구들이 학계에서 쏟아졌으나, 종교의 입지는 계속 축소되고, 종교로 인한 갈등도 해결의 기미가 보이지 않는다. 한편, 종교의 사회적 책임에 과도히 집착할 경우, 개인의 실존적 한계에 대한 종교적 답변이 부실할 수밖에 없다. 동시에 종교가 개인의 실존 문제를 내세의 보상과 신비 체험만으로 설명할 때, 종교는 구조적, 총체적 관점을 상실한 채 무속의 수준을 넘어서지 못한다. 근본주의적 기독교도 이런 한계를 극복하지 못한 채, "표층적 종교"에 머물고 있다.[1]

박형룡은 근본주의가 곧 기독교라고 자신 있게 선언했으나, 그것은 사실에 대한 지독한 왜곡이다. 성서무오설을 고수하면서 성서학의 최신 성과들을 부정하고, 기독교의 핵심적 가르침을 몇 가지 보수적 교리로 환원하며, 특정 이념을 맹목적으로 지지하고, 타자들에 대한 배제와 혐오를 신학적으로 정당화하는 근본주의가 어떻게 진정한 기독교일 수 있겠는가! 근본주의자들 스스로가 진정 '순전한 기독교Mere Christianity'로 발전하길 원한다면, 정말 맹렬하게 참다운 기독교 영성을 추구해야 한다. 만약 영성을 '하나님의 뜻에 일치한 삶'이라고 정의할 수 있다면, 개신교 영성의 핵심이 현실에서 자기를 부인하고 십자가를 지고 예수를 따르는 제자도라면, 보다 구체적으로 하나님에 대한 사랑과 이웃에 대한 사랑으로 정리되고, 디트리

---

1 종교학자 오강남은 종교를 크게 '표층적 종교'와 '심층적 종교'로 구분했다. 표층적 종교는 문자주의와 모든 것을 자기중심으로 생각하는 특징이 있으며, 심층적 종교는 문자를 넘어선 더 깊은 뜻을 추구하고, 지금 나를 넘어선 참나, 큰나, 얼나로 부활하는 것을 이상으로 삼는다. 오강남, 성해영, 『종교, 이제는 깨달음이다』(서울: 북성재, 2011), 38-39.

출구는 없을까?

히 본회퍼Dietrich Bonhoeffer의 표현처럼, '타자를 위한 존재 Being for Others'가 되는 것이라면, 근본주의자들은 성경에 대한 존중과 종말적 신앙, 복음 전도와 성도의 돌봄, 신령한 예배와 기도, 그리고 찬양을 통해 하나님과의 영적 결합을 추구하되 반드시 타자와 이웃에 대한 겸손한 섬김과 진정한 봉사를 함께 시도해야 한다. 그렇게 함으로써 맹목적 교조주의와 독선적 자기주장을 넘어 진정한 예배와 섬김에 근거한 기독교 영성이 구현될 수 있을 것이다. 이런 영성을 통해서만 한국 교회가 '미운 오리새끼'에서 '아름다운 백조'로 변화될 것이라고 믿는다.

결론

전광훈 현상의 기원

1판 1쇄	인쇄 2025년 7월 7일
1판 1쇄	발행 2025년 7월 11일

지은이　배덕만

발행처　도서출판 뜰힘
발행인　최병인
편집　최병인
디자인　이차희
등록　2021년 9월 13일 제 2021-000037호
이메일　talkingworker@gmail.com
인스타그램 instagram.com/ddeulhim
페이스북　facebook.com/ddeulhim

979-11-979243-8-5 03200

ⓒ 배덕만 2025
이 책은 저작권법에 의해 보호받는 저작물이므로
무단전재와 무단복제를 금합니다.
이 책 내용의 일부 또는 전부를 이용하려면 저작권자와
도서출판 뜰힘의 동의를 얻어야 합니다.

뜰힘은 아래를 향하는 힘에 반하여 위로 뜨려는 힘입니다.